Googleで学んだ
最速で成長できる
5つの行動原則

草深生馬
Kusabuka Ikuma

TEAM WORKER《チームワーカー》

5 action principles
for fastest growth
learned at Google

朝日新聞出版

はじめに　最速で成長する方法

これから、グーグル（Google）で新卒採用責任者を務めた経験もふまえつつ、就活生のみなさんに大切にしてほしいこと――最速で成長するためのマインドセット（心構え）――を順にお話ししていきます。

これらを手がかりに自分の強みに磨きをかけていけば、必ずや自分の個性を輝かせられる仕事に出会えるはずです。

ポイントは5つあります。

1 「フィードバックはギフト」と捉える

2 他者の「ユニークネス」にも注目する

3 「小さな改善」を積み重ねる

4 「個」と「チームワーク」を両立させる

5 「正しいこと」を行う

これらを「世界標準で働く人がもつ5つの行動原則」と名づけました。

ただし、**「世界標準」といっても、特殊な能力や経験がなくては実践できない、といったものは一つもありません。**

これからあげていく一つひとつの行動原則は、ちょっとした心がけ次第で真似できるものばかりです。

特にカギを握っているのが、4つめの『個』と『チームワーク』を両立させる」。つまり、本書のタイトルにもなっている「チームワーカー（TEAM WORKER）」であること。

詳しくは序章以降でお話ししていきますが、「個」と「チームワーク」を両立させられるチームワーカーこそが「最速で成長できる人」になる可能性を秘めています。

「世界標準」としたのは、これからお話ししていく内容が、「〝グローバル〟とは縁もゆかりもなかった長野県の山奥（人口30人ほどの集落）出身の僕がグーグルのような世界的企業で働けるようになった理由」でもあるからです。

じつは、世界的な競争の先端を走る企業では、他の誰かが作った問いに対する正解を見つけにいくのではなく、「世界＝正解がわからないカオス（混沌）」を大前提にして、他社よりも先に正解を規定するための先行投資をひたすら行っています。

たとえば、グーグルが開発した眼鏡型デバイスの「グーグルグラス（Google Glass）」。音声コマンドによってハンズフリーで写真や動画を撮ったりネット検索が使えたりするツールで、すごく便利なのですが、プライバシー侵害や自動車運転中の安全性などの問題が指摘されました。

結果的に2015年に一般販売を中止し、B to Bでしか販売しなくなりました。

こういう展開になったのは、誰よりも先に挑んだからこそです。

グーグルは先行投資のプロジェクトを同時にたくさん進めていて、じつは失敗（撤退）もいっぱいしているのです。

何よりも大切なのは、失敗しないことではなく、失敗から学ぶ姿勢です。

自らの足で自らの人生を歩んでいくには、そのような姿勢が欠かせないという言い方もできます。

もしかしたら今後、これまでの日本の就活のやり方自体が失敗だったということが露わになっていくかもしれません。

実際に、新卒の離職率が深刻な問題になっていて、それを避けるために、たとえば「パーパス（目的）」といったキーワードに絡めた就活が展開されるようになってきています。

つまり、日本の就活に対して「これじゃダメだよね」という潮流が出てきているわけです。

その意味では、今まさに就活に関して「私の人生、これで大丈夫？」といった「もやもや」を感じてくすぶっているとしたら、むしろ有望です。

だからどんどん悩んだほうがいい。

そういうもやもや、くすぶりこそが、全力で会社を選び、仕事を続けていき、自分の人生を大きく燃え上がらせる種火的エネルギーだからです。

「就活の不安」に打ち克つ方法

とはいえ、就活は、一生のゆくえを左右するかもしれない一大事。そう意識すればするほど、不安にもなるし、できるだけ安全な道を選びたくもなる……。

そんな就活生のみなさんの気持ちは、かつて当事者だった僕にも理解できます。

新卒採用支援を行う会社のCHRO（最高人事責任者）という現在の仕事柄、僕はよく就活生から「就活で失敗しないためには、どうすればいいですか？」という相談を受けます。

そんなとき僕は、グーグルなどでの経験もふまえ、迷わず次のように問いかけます。

「就活はあなたの長い人生の中の一部分。だから、あなた自身の人生のゴールをイメージして、そこから『何を仕事にして、何に情熱を燃やしていきたいか』を考えないと、『そもそも何が成功で何が失敗か』は決められないのでは？」

質問した就活生たちは一応、納得顔で僕の話を聞いてくれます。しかし、いざこの質問に答えようとすると、すぐに困惑した表情を浮かべる……というのが、いつものおおよそのパターンです。

それもそのはず、この問いは、どんな大人もなかなか答えられない難問。じつは僕自身、どうなっていればゴールにたどり着いたと言えるのか、いまだに暗中模索の状態です。


もちろん、意地悪がしたくて、そう問いかけているのではありません。

どういう状態がゴールなのか、本当は誰にも明確には答えられないだろうとわかったうえで、あえて問いかけているのです。

それは、**たとえ遠回りに思えても、就活ではまず、「自分の人生において、どういうふうに仕事と向き合っていきたいか」という自分なりの考え——最初はぼんやりとしたイメージでもかまいません——をもったうえで、それに照らし合わせて就職先を選ぶこと以外に、真に「就活の不安」に打ち克つ方法はない**ということを、自分が就活生だった頃の経験もふまえて痛感しているからです。

「後悔のない就活」のために

ところが、それが〝理想〟とわかっていても、現在の日本では、あまりにも「就活の仕組み」が整っているために、そういう問いに立ち向かうことなく就職できてしまいます。

一言で言えば、就活生に向けた企業側のサービスが充実しているということです。

まず、リクナビやマイナビなどといったポータルサイトがあり、複数の企業情報を一気に閲覧し、ボタン一つで簡単にエントリーできます。

そしてエントリーすると、応募した企業から適当なタイミングで次のステップへの案内が入り、リクルーター（就活をサポートする社員）が選考に伴走してくれ、めでたく内定までこぎつければ、あとは卒業を待つのみ。

就職説明会や面接の時期もある程度決まっているため、自分から積極的に情報を取りにいかなくても、就活を進められます。

つまり、流れに乗って動いていれば、なにがしかの企業からのオファーをもらえるような仕組みができあがっていると言えます。

実際、厚生労働省がまとめているデータによれば、大卒者の卒業直前時点での内定率は、過去10年をさかのぼっても90％を下回ったことはありません。

そして、そんな仕組みの中でうまく立ち振る舞うための情報も、ネット上には山ほど存在します。

そうであれば、「どういうふうに仕事と向き合っていきたいか」なんて、ややこしいことを考えず、**今の仕組みに乗っていたほうがスムーズに就職できていいじゃないか、と考えたくなるのも当然**です。

僕も大学生の頃、就活を始めたときはまさに、何となく「みんなが知っているような会社に入れればいいかな」と思っていました。

自分が将来やりたいことなんて見えていなかったし、ゴールから逆算して人生を考えていこうなんて思えていませんでした。

しかし現実の仕事選び（就職先選び）は、ネットに書かれたノウハウどおりに動けばうまくいくような単純なものではありませんでした。

そのことに僕が気づいたのは、実際に就職して働き始めてからです。

残念ながら、仕事選びにおいて一番大切なことを教えてくれる人は、就活生だった僕の周りにはまだいませんでした。

そんな僕の転機になったのが、グーグルという会社との出会いです。

その経緯はあとでお話ししますが、僕は新卒で入った会社（ＩＢＭ）を３年で辞めています。

もちろん、ＩＢＭでの３年間でも数多くの貴重な経験をさせてもらいましたし、ＩＢＭに入ったこと自体を後悔したことはありません。

ただ、就活していた頃の自分を振り返って、もっと自分なりの強い想いや目的をもって就活していれば、大学卒業後の日々をさらに深い学びに満ちた時間にできていたのではないか――そんな思いが頭をもたげたこともあったのです。

もし大学生の僕が、これからお話しする考え方を知っていたら、就活の仕方、自分自身の紹介の仕方、そして会社の選び方は大きく違っていただろうと思います。

しかしそれも、今となっては絵に描いた餅です。

だから本当のことを言うと、他人の就活について偉そうに語る資格なんて、僕にはないのかもしれない、とも思います。

でも僕は、**今の就活生のみなさんに僕と同じような後悔をしてほしくない。**勝手な願いではありますが、これこそ、この本を書いた理由です。

ぜひとも、これから紹介する5つの行動原則を手がかりにして、就活の不安を乗り越え、自分だけの人生をその手でつかみ取ってください！

2023年1月　　草深生馬

TEAM《チ》《ー》《ム》 WORKER《ワ》《ー》《カ》《ー》 Googleで学んだ最速で成長できる5つの行動原則　目次

序章

グーグルはなぜ「未完成な人材」を評価するのか

第1章

「フィードバックは ギフト」と捉える
――自分の強みを見つけるために

第2章

「他者の「ユニークネス」にも注目する」
――成長のスピードを上げるために

第3章

「小さな改善」を積み重ねる
——現状打破の力を磨くために

第4章

「個」と「チームワーク」を両立させる
――独自性を活かすために

ダイバーシティから価値を生み出すために必要なもの 185
チームの中で揉まれることで、個性はより一層強化される 188

第5章
「正しいこと」を行う
——世界で通用する人材になるために

終章

「日本でも世界でも輝ける人材」になるために

ブックデザイン　山之口正和＋齋藤友貴（OKIKATA）
編集協力　高橋和彦

序章

グーグルはなぜ「未完成な人材」を評価するのか

成功のカギを握るのは「自己効力感」

昨今、ビジネス環境が「カオスだ」ということが盛んに言われていて、**グーグルでも「カオスを生き抜く力」は大切な素養とされています。**

では、カオスとは、そもそも何なのか。「はじめに」でも簡単に触れましたが、ここであらためて確認しておきましょう。

近年、世界各国の政治経済や社会状況が刻々と変わり、その情報もどんどん入ってくる中で、世界的な潮流はこうですという一義的な説明や明言はもはや誰にもできなくなってきました。

たとえば、ものすごく発展している国もあれば、激烈に遅れている国もある。日本のように停滞しているのにまだ一定の強さを保っているという不思議な国もあります。

それぞれの国は10年後、どうなっているのか。ある程度予測できたとしても、それが正解かどうかはまったくわかりません。

つまり、「正解がわからない状況」をカオスと言っているわけです。

就活生たちと話すと、そのような不安定な現状を感じ取ってのことなのか、みんな漠然と「世の中が悪くなっている」「日本の経済が苦しくなっている」と感じているのがよくわかります。

ただし、それが直接自分に関係のあることだと思っている人はすごく少ないようです。

これは「かりそめの平和」と呼んでいい状態だと思います。

日本はこの先も大丈夫なんて誰も思っていない。けれども、とりあえず今は平和だからいいや、自分は何とか生き延びていけるだろうと思っていて、それで安心している。

自分たちの問題として現状を改善していかないと日本も自分も危ない。そんな危機感はほとんどないわけです。

そんな学生たちに「有名な大企業に入ってそれなりに働いていたら、40歳頃にはある程度のポジションに就いていて、年収も1000万円を超えて……そんなイメージをよく聞くんだけど、本当はもう全然違うんだよ。じつはね……」と、苦境に陥っている日系の大手企業の実情などをもとに、「日本は、もはや世界水準で見たら全然先進国じゃなくなっていているんだよ」と話すと、みんなすごく驚きます。

そして、自分の将来についてより真剣に考えるようになるわけです。

ただ中には、「自分には無理かもしれない」と、チャレンジ自体をあきらめてしまう人がいます。なぜあきらめてしまうのでしょうか？

それは「自己効力感」が圧倒的に不足しているからかもしれません。

自己効力感とは、これから取り組む何かに対して、自分ならできると思えるマインドセットのこと。

現状を改善していく際、最も重要なのは、この自己効力感です。

人には何か必ず才能があって、その磨き方によってはグローバルレベルでも通用するようになりうる。そして、そういう心構えをもつことで、どんなチャレンジも可能になる、と僕は思っています。

つまり自己効力感は、「カオスを生き抜く力」の源泉です。

「為せば成る」「やれば、できる」「イエス・ウィー・キャン」などと言い方はいろいろありますが、要するに、これはマインドセットの問題です。

特に就活生には、**何か一つだけでもいいから、とにかく自信をもって「これならできる」と話せる自分の強みを見つけてほしい**と思います（その見つけ方は第1章で紹介します）。

就活は「自分のことを知る」ことから始まる

ところが、自己効力感の不足、自信のなさの裏返しでしょうか。

就活に取り組む多くの学生が、まずマニュアル的なノウハウ集めに時間をかけます。そうじゃないと絶対に成功しないとばかりに……。

就活生たちを見ていると、就活を特殊な環境のゲームと捉えていて、そのゲームをうまく切り抜ける攻略マニュアルをとにかく探している。そんな印象をもちます。

たとえば、就活に関して「自己分析って、やったほうが有利なんですか？」と聞かれることが結構あります。

でも、そういう質問自体が間違っています。

有利も何も、強み・弱みとか、自分のことがわからないままでは、自分がこれから歩むべき人生の針路を決められないからです。

こう質問した就活生はきっと、自己分析を「就活ゲーム」を乗り切るためのアイテムの一つとして、やらなければいけないもの、と考えているのだと思います。

だから僕は、「自分のことをもっと深く知りたいと思わないの？　それがないままの選択肢は納得感ありそうかな？　どんな選択があなたの人生をさらにハッピーなものにすると思う？」などと問いかけます。

それで「就活はゲームじゃないから、攻略マニュアルはないんだよ」と伝えるようにしています。

要するに、**就活に失敗しないための「答え」は、すべて自分自身の中にあります。**

就活のやり方が人と違ってもまったくかまいません。

むしろユニークであることは、グローバル企業が求めている「カオスを生き抜く力」に通じる大事な資質の一つと言えます。

だから自分に自信をもって、自分なりのやり方で就活に取り組んでほしいし、人生を歩んでほしいと思います。

こういう話を就活生にすると、「就活で本当に考えなきゃいけないことが何かわかった」とか「なぜ今、この就活の時間を過ごしているのか、中長期で捉え直すことができた」とか、就活の本質的なことに気づいてくれます。

すると、就活に対する心構えががらりと変わり、実際の取り組み方もがらりと変わります。

当然、「自己分析って、やったほうが有利なんですか？」といったおかしな質問は二度としなくなります。

スキルの獲得は後回しでもいい

「マインドセットはすぐに変えられない」と思う人もいるかもしれません。

確かに、マインドセットには性格も影響するので180度、全部変えるというのは大変ですし、常に前向きなマインドセットでいられるというようなものでもないと思います。

ただ、スキルと比べるとどうでしょうか。

この職業に就くにはこういう知識が必要という場合、就活中にそれを身につけるのは時間的に不可能ということもありうるわけです。

その点、**必要なマインドセットをもとうと心がけることは、誰にでも今すぐできる**はずです。

「スキルの獲得は後回しでいい」というのが、僕からのアドバイスです。

卒業後は弁護士や公認会計士といった専門職に就きたいという明確な目標がすでに

ある場合は別です。

そうでなれば、専門知識のようなスキルは本当に必要になったときに身につければいい。

それよりも、**学生時代には「カオスを生き抜くためのマインドセット」を身につけることを重視してほしい**と思います。


どんな資格でも、時間とお金をかけて頑張って勉強しさえすれば取れる、という見方もできます。

でも、マインドセットはそうはいきません。これが必要だと知らない限り、インストールできません。

だからこそ、その重要性を就活生のみなさんに伝えたいのです。

あとの章で「チームワーク」や「フィードバック（自分や相手の成長につながる指摘）」の重要性について説明しますが、たとえば、就活の際には「過去にチームワークやフィードバックに関連するエピソードが何かなかったかな」などと自己分析してほしいのです。

突飛なエピソードである必要はまったくありません。

エピソードの中に隠れている、自分自身のマインドや行動をチームワークやフィードバックの観点から見直すことが非常に重要なのです。

もし、あなたが本格的な就活まではまだ時間があるというタイミングでこの本を読んでくれているのであれば、さまざまな場面でチームワークやフィードバックを常に意識して、それが習慣になるように行動してほしいと思います。

自己分析は「自分でできた」と言えるエピソードで固める

自己分析と言うと、自分のネガティブな面を探りすぎてしまう人もいるのではないでしょうか。

過去を振り返っているうちに行き詰まって、つい落ち込んでしまう。そんな人もいるはずです。

でも、そもそも完璧な人間なんていません。

だから自己分析の際に、わざわざ強み・弱みのバランスを取る必要はなくて、むしろ**就活では強み一点突破でいい**のです。

ありとあらゆるエピソードの中から、就活の自己分析で見つけるべきは、本書で紹介する「行動原則」と照らし合わせて、「自分でできたもの」、あるいは「できると自信をもって言えるもの」です。

それだけに絞ったほうがいいのです。


そもそも企業側は、弱みではなく、強みを知りたいと思っています。

それに就活のタイミングで自己分析して見えた弱みが、就活中に直るわけがありません。

「気づけてよかった」という程度の話で、それ以上でもそれ以下でもない。つまり、深掘りしても意味がないわけです。


やはり重要なのは、「自分はこれができます」と自信をもって伝えること。

もちろん、弱みを克服する努力をしていくことも、時に大切です。

でも就活では、そんな必要は全然ありません。

自分のここは強みだとか、ここにプライドがあるとか、自分で自信があると思えるものをまず見つめ直して、それを表現できるエピソードと言葉をしっかり見つけること。

そのほうがはるかに優先度は高いと言えます。

それに対して、弱みを埋めるというのは、いわば日本式の総合職を目指す古い世界観だと思います。

今日の潮流的には、多くの企業がジョブ型の働き方（職務を明確にした働き方）などを推し進めていることからもわかるように、何でもできる〝ジェネラリスト〟の採用から脱してきています。

特に成長している企業は、ある分野に特化した自分の能力にプライドをもち、それ一本で世界と渡り合っていく気概をもっている人たちを、イノベーションを起こす人材として求めています。

要するに、今の学生は丸くなっていくよりも、どんどんとがっていくことを目指したほうが断然いいのです。

もちろん、「自分の強みはこうですが、じつは弱みもあって……」と言える人を、精神的に成熟していると評価する企業もあります。

なので、弱みを認識しておくことは大事だとも思います。

でも、認識しておくことと前向きにアピールすべきことはまったく違うわけです。強みに関しては、みんな蓄積してきたものが絶対にあるので、問題はそれに気づけるかどうかだけです。

つまり大事なのは、自己分析するときにどの〝角度〟から自分を見つめるかということ。

幸運にも、誰かからのアドバイスでそれに気づく場合もあるでしょうが、本書ではその角度（就活でアピールすべきこと）として最も有効な「行動原理」を詳しく紹介していきます。

就活でアピールすべき強みというのは、要は企業側の重要な採用基準ですから、ぜひ、そういう行動を常に意識して学生生活を送ってほしいと思います。

企業は伸びしろが感じられる人材を求めている

ところが、すごく心配性なのか、「私、〇〇が苦手なんですが、どう説明したらいいか……」などと悩む学生は割といます。

そういう人に対して僕はこんなふうにアドバイスしています。

「あなたは、自分の弱みを伝えに面接に行くつもりですか？　自分がどういう人間か知ってもらいたいという気持ちはわかります。でも、そもそも就活は、企業に『私は貢献できます』とアピールしに行くことです。だから、『こういうことができる』というほうに最大級の重心を置いて全然いい。それを言わないと採用したいと思ってもらえないですよね。弱みを説明しないというのは、別に嘘《うそ》をついているとか隠しているとか、そういう話ではないんですよ」

それでも、「じゃあ、何か聞かれたときに、どうしたら……」と言う学生はいます。

そんなときは、次のように続けます。

「もちろん『○○が苦手です』と正直に答えたらいいんですよ。ただし、『苦手なことは無視しています』といった一言は非常に印象が悪い。一言追加するなら、『こういう努力をして克服していきたいと思っています』と伝えたらいい。その程度の準備でまったく問題ありません」

要するに、「弱みをアピールする必要はない」というシンプルな話です。

こんなアドバイスをしたあとで、その人の強みを話してもらって、それがいかに素晴らしいかということを伝えます。

すると、自分に自信をもつようになって、弱みに関するうじうじした気持ちから脱してくれます。

そもそも企業側は「あなたの強み・弱みは何ですか？」という質問に対する学生の答えを鵜呑《うの》みにはしていません。

じつは面接で話している中で、「この辺が苦手かな、得意かな」というのはある程度見えてくるものです。

つまり**企業が強み・弱みを聞くのは、どのぐらい自己認知ができているかということを測っているだけ**なのです。

企業は面接で、もっと前向きに、その人の可能性に重心を置いて審査をしています。

だからこそ、「自分がどういうことができる人間か」「今後どんなことをやっていきたい人間か」というアピールに全振りしたほうがいいわけです。

もっと言えば、**グーグルのような企業では新卒採用の場合、「とてもいいものをもっているけど、この辺が苦手そうだな」という評価となった学生であっても採用されます。**

なぜなら、伸びしろ、ポテンシャル（潜在力）を感じるから。

つまり、「今素敵な人」よりも「将来もっと素敵になってくれる人」と一緒に働きたいと考えているのです。

そういう視座に立てば、「未完成な人材」のほうが評価を得やすいとも言えます。

自分の個性をポジティブなほうに解釈し直す

みんな、必ず弱みがあります。僕も弱みだらけです。

「パーフェクトな人間」なんてどこにもいません。

だから、**まずは弱みも含めて自分のいろんな過去のことを認めてあげてほしい。そして、強みのほうをものすごく自信をもって語れるようにしてほしい**と思います。

たとえば、グループで話しているときに、自分の意見が強く言えない。それを弱みと感じていて悩む学生もいます。

なぜそうなるのか理由を聞くと、「相手を立てるあまり、つい聞き手に回ってしまう」という答えが返ってきたりします。

でも、それを捉え直すと、「相手の意見にしっかり耳を傾けることができて、相手を尊重するコミュニケーションの姿勢をもっている」という言い方ができます。

そう翻訳して「これなら弱みではありませんよ」と伝えると、「ああ、そういう考え方もできるんですね」と、もう悩まなくなるわけです。

先ほど、チームワークの話を少ししました。

たとえば、グーグルはとてもチームワークを重視している会社で、チームの中で聞き手に回ることがマイナスに評価されることはあり得ません。

つまり、それは弱みではなく、むしろ強みなのです。

もちろん、自分で弱みと感じる部分を自己研鑽《けんさん》することは大切です。

でも、捉え方によっては弱みも強みになり得るわけです。

つまり、**強み・弱みは表裏一体のもので、それをどういうふうに表現するかの違いでしかない**と僕は思っています。

結局、弱みも個性です。自己分析の際には、ぜひ自分の個性をポジティブなほうに解釈し直してほしいと思います。

ちなみに僕はグーグルで、何か決定的な弱みを指摘されて「何とかしろ」などと上司から叱責されたことは一度もありませんでした。

業務のゴールに対して、「この辺はうまくできたね」「この辺はもうちょっとだったね」といった話をして、足りていないところをどうやって埋めていくかという話をするだけでした。

要するに、**誰もパーフェクトなんか求めていない**のです。

「チームワーカー」は世界基準の採用要件

グーグルに限らず、特にグローバルレベルで事業を展開している企業は、大前提として、「チームワーカー」であることを重要な採用基準の一つにしています。

第4章で詳しく取り上げますが、実際、新卒の面接では「チームワークの大切さを感じた経験はありますか」「チームワークで苦労した経験はありますか」といった質問がよく出ます。

世界的企業にとって、さまざまな社員がいることが成長し続ける必須要件です。

それは、新しくサービスやプロダクトを開発する場合、いろんな背景をもった人間が携わることで初めてグローバルレベルで受け入れられる商品にしていくことが可能になるからです。

当然ながら、どんなに優秀なメンバーでも、お互いにいがみ合っていたら仕事になりません。

なので、みんなが最大限の力を発揮できるように、チームワーカーであることが採用基準として重視されるのです。

チームワーカーの特徴は、たとえば「自分と違う意見を排除してしまうような行動を取らない」「他者を活かしていこうと考える」「いろんなタイプの人たちとの対人関係にストレス耐性がある」など。

企業側は「チームワークで苦労した経験はありますか」といった質問を通じて、そういう資質の過不足を知ろうとしています。

つまり、面接でエピソードを話す際には、そういうことを意識してアピールすることが大事というわけです。

グーグルでは、「チームをケアする振る舞いができる人」が高く評価されていました。

ケアという言葉のニュアンスは近年、日本でも結構通じるようになっています。

「本当に気にかける、面倒を見る、意識を配る」といった意味なので、チームを本当に気にかけることがグーグルの社員には求められています。

たとえば、次のような行動が取れると、チームワーカーとしての能力が高いと言えるでしょう。

- 頼まれたわけでもなく、定常的に他者を助けることができる。
- コミュニティという感覚を養い、育てていくことができる。
- チーム内のハーモニー（共存関係）を整えていくことができる。
- 他者の成功や貢献をピックアップすることができる。

最後の「他者の成功や貢献をピックアップする」というのは、もう少し説明が必要だと思います。

要するにこれは、縁の下の力持ちのような人たちもちゃんとケアすることを意味します。

本当に意識を配って、「本人は謙虚だから言わないけれども、裏でこんなことやってくれたんだよ」などと、ちゃんとチーム内で共有していくことができるということです。

そのような「功績に対する称賛」のことを、英語では「レコグニション（recognition）」と言います。

レコグニションをするためには、単に職場の同僚という以上に、人間として強い関心をもっている必要があります。

それがあれば、その人がチームに貢献してくれたことを発見できるし、その人に代わってチームのみんなに伝えることもできるわけです。

こういうマインドセットをもち、そんな行動をしている人は、ほとんどの企業の採用基準において高く評価されるでしょう。

もちろん、誰も「チームワークは大切じゃないよね」などとは言わないでしょうが、「他者を助ける」「コミュニティ感覚を育てる」「ハーモニーを整える」「レコグニションをする」といった具体的な中身について、ちゃんと行動できる人というのは、やはり少ないようです。

その意味では、**チームワーカーであることの重要性を知った学生は、就活において一歩も二歩もリードしている**と思います。

素直に従う人がチームワーカーではない

ここまでチームワークの重要性についてお話ししました。

しかしそうすると、前節で「自分の強みをしっかり磨いていくことが大事」と強調したことと矛盾するんじゃないかと思う人もいるかもしれません。

それは、チームワークと聞いて、「日本流」のチームワークをイメージするせいではないでしょうか。


旧来の日本流チームワークは、いわば事なかれ主義で、「空気を読んでうまいことやっていこうね」というものです。

上長からの指示に素直に従う人が評価されやすく、お互いがお互いの顔色をうかがって、あうんの呼吸で何となく丸く収まる状態を作っていく。

これは、僕に言わせると「消極的チームワーク」です。


僕が本書で説明するチームワークは全然違います。

まずチームは、個々人が本当に強い能力をもっているエキスパートたちによる精鋭集団であるべきです。

それで一人ひとりが重要なパーツとしてチームに貢献していく。

つまり、**自分の存在感を武器に、誰かに使われながらも誰かのことを活用してチームとして成果を上げていく**わけです。

これをわかりやすく「積極的チームワーク」と呼んでいますが、こちらが世界的企業で求められるチームワークです。

要するに、世界的企業がチームワーカーであることを求めていると言っても、空気を読む事なかれ主義の人はまったくいらないということです。

そこに遠慮は不要だし、自分はこういうことができるという個の確立された状態がスタートになります。

そのうえで、お互いに意見をちゃんと伝えて、お互いを最大限活かしていくように環境を作っていく。それが本当の意味でのチームワークです。

その前提として、「一人でできることは限られている」ということをわかっていることが大事になります。

そういう謙虚さを併せもつユニークで優秀な人であれば、チームの中で他者と力を合わせて新しい大きいことをやっていけます。

つまり、**お互いに「あなたが必要なんだ」と言える人たちの集まりが理想的なチーム像**というわけです。

グーグルで「チームをケアする振る舞いができる人」が評価されるのは、それを目指しているからなのです。

紛糾したディスカッションからのほうが学びは多い

就活では、グループディスカッションでチームワーカーかどうかを見たりします。

日本人の学生はおおむねスムーズに結論まで出せるので、ディスカッションの進め方自体は上手だと思います。

それはそれで素晴らしいのですが、飛び抜けてユニークな結論が出てくるかという と物足りないとも言えます。

全員が何となく論理的に話してとりあえず結論を出すことに終始し、いかに当たり障りなく人とうまくやれるかをアピールし合っている印象です。

ただ、中には面白いアイデアが出てくるグループもあります。

そういうグループにはユニークな人が2、3人いて、たいてい議論中に紛糾しています。

今、世界レベルで求められているのは、当然ながらこちらのディスカッションです。

さらに言えば、紛糾するディスカッションをいかにうまくファシリテーション（円滑化）するかが求められています。

グーグルなど成長し続ける企業では、そのようなディスカッションが日々行われています。

学生生活の中でもグループで動く機会は山ほどあるでしょう。

ぜひ常に「ユニークな主張をしつつ、議論を前向きに進めていく」ということを意識してください。

そうすれば、自然と自分の強みもファシリテーション力も磨かれていくはずです。

そういう経験が就活で役立つことはもちろん、自分をアピールするエピソードになるし、学生生活、ひいては人生をより豊かで楽しいものにしてくれると思います。


ただ、ユニークな主張と円滑な議論を両立させることは、日本流チームワークにおいてはそれほど簡単ではありません。

すごく卑近な例になりますが、僕の高校時代の体験談を紹介しておきます。

僕は高校1年生の秋、文化祭のクラスごとの出し物を決める学級会議で、ルームリーダーだったので、いわばファシリテーター役をやりました。

入学してまだ数カ月ですから、ようやくお互いになじんできたかなという雰囲気で、まだ濃いディスカッションができるほどの仲ではない時期です。

例年、どの学年のどのクラスも、ひたすらステージでダンスを発表していると聞かされていたので、僕は、全然違うことをやりたいと考えていました。

「せっかくだからユニークなことをやろうよ」と提案しようとしたのですが、クラスの空気は「どうせみんなダンスなんだから、うちもダンスでよくない？」というまったく考えようとしない感じでした。

僕は「ここで変に提案して紛糾するのは嫌だな」と、主張するのを控えて、当たり障りなく進行だけをしていたわけです。

そうしたら担任の先生が「生馬はどう思うの？」と僕に振ってくれました。

それで「全然違うことをやったほうが、今年の1年はいいぞと思われるんじゃないかな」と、少し勇気を出して弱めに主張しました。

そこからディスカッションの潮目が変わって、結局、貼り絵で大きなモザイク壁画を制作することに決まりました。

大量の小さな色紙をみんなで協力して貼って文化祭で披露したら大好評で、最終的には学校を超えて、県でも表彰されました。

この文化祭をきっかけにクラスの仲が深まったし、今もみんなのいい思い出になっています。

僕は小さい頃から目立ちたがり屋ですが、やはりどこか日本流チームワークが染みついていたのでしょう。

あの文化祭のときも先生の振りがなければ、少しの勇気を出さなければ、全体の雰囲気に流されてダンスでお茶を濁して、こんなにいい思い出は作れなかったと思います。

ぜひ小さな勇気を大切にして、自分なりの考えをきちんと主張する機会を増やしていってください。

そうすれば、僕の文化祭のディスカッションのような経験からでも学びを得ることができ、世界標準のチームワーカーに一歩ずつ近づくことができます。

遠くへ行きたければ、みんなで行け

アフリカのことわざに「早く行きたければ、一人で行け。遠くへ行きたければ、みんなで行け」というのがあるそうです。

僕が大好きな言葉の一つですが、世界標準のチームワークとはまさにこれです。

このことわざのポイントは、「早く」のほうは単なるスピードの話であって、より難度の高い目的地を「遠く」と表現しているというところだと思います。

つまり、前段の「早く行きたければ」にはゴールにたどり着いていない可能性が含まれていて、後段の「遠くへ行きたければ」がゴールにたどり着くという本当の目的を意味しているわけです。

たとえば、10メートル先に行くならさっさと一人で走ったほうが早いに決まっている。でも本当は、50キロ先がゴールなのかもしれない。

そうであれば、「10メートル早く行ったところでどうなの？」という話になるでしょう。

要するに、**何か共通のゴールに確実にたどり着くためには、やはりみんなで行こうよ、と。それが言いたいことわざ**だと思います。

と同時に、「いつも合議で何でもみんなで手を挙げて決めていこう」という意味のことわざではないとも思います。

チームで動いている仕事でも、素早く判断しなければいけないシチュエーションはあります。

そのときは、ある程度スピードを優先して、一人の判断で決めなければいけない。

でも、それは判断の早さが何よりも求められているときだけです。

つまり、スピード優先は、共通のゴールに向かう過程の、判断を誤っても大きなダメージを負わないことが担保されている場面に限られるということです。

採用面接では「経験から学んだこと」を必ず伝える

採用面接で「チームワークの大切さを感じた経験はありますか」「チームワークで苦労した経験はありますか」といった質問をされたら、どんなふうに答えたらいいでしょうか。

失敗した経験か、うまくいった経験かの違いは、あまり重要ではありません。**大事なのは、「その経験からどういう学びを得たのか」というところを必ず伝えるようにすること**です。

そうすれば、採用側は安心感をもって話を聞くことができます。

「いや、僕は誰とでもうまくやってきたので、チームワークを意識したことがありません」などと答える人は、下手すると落とされます。

絶対そんなことはないだろうと不信感をもつからです。

また、経験をアピールしなければと、「○○グループのリーダーでした」「○○部の部長でした」「○○大会の実行委員長でした」などと事実だけを並べて、それで「チームワークの大切さを感じました」「チームワークで苦労しました」という一言で終わるケースが少なくありません。

これは非常にもったいないと思います。


ちなみに、「いったい何人の副部長がこの世にいるんだ」と、新卒採用の時期には、人事部の同僚とよく笑っていました。

要は、履歴書で自分の肩書きを「盛る」ときに、部長と書くとやりすぎだなという感覚から、副部長やサブリーダーなどの肩書きを盛った人が大量に出現するということです。何千もの応募書類を一気にチェックしていると、非常によく目に留まります。

何かのリーダー経験を新卒採用の要件にしている企業であれば、もちろんそのことを書いたほうがいいですが、そんな企業ばかりではないでしょう。

採用側は、あくまでもチームワークに関連する経験が聞きたいわけです。

別にリーダーじゃなくてもチームに貢献した経験、あるいは貢献できなかった経験は何かしらあるのではないでしょうか。


「リーダーシップ」と「フォロワーシップ」という言葉がありますが、リーダーを補佐するフォロワーシップもリーダーシップと同様、チームワークの大事な要素です。

要するに、「リーダー経験者だから、この人は優秀なチームワーカーになりそうだ」などと判断するわけではないということです。

「チームの中での経験からチームワークに関連して何を学んだか」をちゃんと自分なりに説明できる人を求めているわけです。


チームワークの経験だけでなく、先に述べた自分の強み・弱みのほか、いわゆる「ガクチカ」（学生時代に力を入れたこと）を聞く質問は、就活ではとても一般的です。

どの学生も答えを準備しているし、企業側もそう思って聞いています。

そういう定番の質問を学生に「1分くらいで話してください」と言うと、概要を理路整然と話してくれます。

でも、それだけだと肝心の中身がわかりません。

なので、企業側はそこから掘り下げて質問します。

そのときにちゃんと具体的に答えられるものを用意しておかないといけません。

具体的にどういうことをやって、どういう結果になり、そこから何を学んだのか。それをひと通り盛り込めるエピソードを用意しておくことが望ましいでしょう。

ちなみに、僕は就活のとき、学生時代に寮長をやっていたこともあって「学生寮のエピソード」、ほぼ一本やりで勝負しました（寮長の体験談は第4章でお話しします）。「同年代に寮長を経験した学生は少ないだろう」という計算もあったからです。

あなたの経験を見直す際のヒントとして、ぜひ本書で紹介する「5つの行動原則」を使ってほしいと思います。

たとえば部活動のエピソードなら、自分が事なかれ主義の消極的チームワークではなく、積極的チームワークを意識できていたかどうか、それを具体的に説明できるかどうかを確認します。

そうやって就活できちんと話せるよう準備をしてください。


ただ一方で、日本企業の中には、組織で何となくうまくやっていけるふんわりした人を、いまだに「よいチームワーカー」と誤解している会社が少なくありません。

そういう会社は個性的であることを排除してしまいます。

「この学生は変わりものだな」と感じた瞬間、バツを付けたりするわけです。

これは採用側が抱えている大きな問題で、日本経済が成長できない根本的な原因の一つだと思います。

つまり、**「うちに欲しいのは、ただの素直なイエスマンなんだよね」と言っているような会社は成長が見込めない**のですから、むしろ、そんな会社には入らないほうがいいに決まっています。

なので、もし落とされてもまったく気にする必要はありません。

言うまでもなく、**就活は「自分の強みが活かせる会社を自分が選ぶ」というのが基本**です。

決して「会社に選ばれる」のではありません。そのことを忘れないでください。

面接の質問には2種類ある

グーグルでもチームワーク関連の質問をたくさん用意していました。

グーグルの新卒採用は「構造化面接」という手法を取っています。誰が面接しても評価にブレがないように、事前に定められた面接質問集があり、そこから質問を選んで尋ね、回答は評価基準表に照らし合わせて評価する、といった手法です。具体的な質問がリストになっていて、それを聞くのです。

たとえば、「あなたはとあるプロジェクトチームのリーダーです。メンバー同士が全然違う意見をぶつけ合うことで、チームの空気が悪くなってしまいました。あなたはそういうとき、まずどういう行動を取りますか？」というような尋ね方をします。

そして、それに対する答えからさらにひたすら掘り下げていきます。

「なぜ最初の一歩の行動がそれなんですか？」「それ以外にはどういうことが考えられますか？」「どういう優先順位でそれを選んだんですか？」といった質問を重ねて、その学生の

本質的な部分に迫ろうとします。

このような質問は「状況設定型面接」と呼ばれています。いわば「仮説を聞く質問」です。

一方、学生時代に何かのチームリーダーだった人に対しては「メンバー同士が全然違う意見をぶつけ合うことで、チームの空気が悪くなった経験はありますか？」という質問から入って、同様に掘り下げてくこともあります。

こちらは「経験を聞く質問」です。

これら2つの質問は、どちらも聞くのが理想的とされていて、仮説に対して回答するほうが高難度で、評価として信頼性があると言われています。

ただし、同じテーマで仮説・経験の両方を聞くのは時間の無駄なので、通常それは行いません。

経験を聞く質問のほうが評価の信頼性が低くなるのは、質問の答えとしてドンピシャの経験があって過去を振り返る力がある人であれば、答える難易度が圧倒的に低くなり、スムーズに話せるからです。

それだと「たまたま」の評価になってしまうので信頼性が下がるわけです。

ところが、仮説を聞く質問のほうは、あるとしても似たような経験しかないでしょう。

時間にして10分以上、ひたすら掘り下げるので、必ず経験していない領域に踏み込みます。

なので、経験の有無では優劣の差がつかず、難度と信頼性が上がるわけです。

仮説的な状況における問答にも思考がついて来られる人のほうが思考能力が高いだろうというのが、昨今のさまざまな採用現場で主流となっている考え方です。

ちなみに、家庭環境や出生地、思想・信条、宗教、結婚観といった話を面接で聞いてはいけないという厚生労働省のルールがあります。

それらは本人に責任のないことや本来自由であるべきことであって、不公正な差別的採用につながるからです。

常識的な面接官であれば、本人がその手の事柄を自分から話し始めたとしても、途中で「ありがとうございました」などと言って止めたりします。

グーグルでも「こういうテーマは聞かないようにしている」と事前に説明していました。

なので、先ほど挙げたテーマに関連するエピソードとチームワークを絡めて話そうと考えているのなら、どのように説明するかは少し工夫が必要です。登場人物やシチュエーションを無関係なテーマに置き換えて話をするなど、準備をしてみてください。

こだわりをもっている人のほうが就活はうまくいく

いわゆるそもそも論、たとえば「チームワークとは何か」という話をする学生は、面接をしていても面白いと感じます。

なぜそういう自分なりの意見にたどり着いたのか、考え方や論理を掘り下げて聞きたくなります。

実際、「チームワーク、チームワークってよく言いますけど、私はチームワークって絶対スピードを遅くすると思うんです」と話す学生に会ったことがあります。

内容の是非はともかくとして、何かそういう「こだわり」をもっている人には、それなりの経験や思考を重ねているのだろうと、採用側は期待します。

だから「どうして、そう思うの？」と掘り下げて聞きたくなるわけです。

それで、何かの本で読んだことを鵜呑みにして言っているようなら、「ああ、ちょっともったいないね」となるけれども、「突飛な意見かもしれませんが、すごくこう思った経験があったんです。それは……」と話してくれれば、「おお、面白いですね」と評価は高くなります。


ただし、就活時の掘り下げにはその先があります。

チームワークの話で言えば、「うちの会社はチームワークを大事にするカルチャーをもっている。その点、君はどう思う？」と聞くわけです。

それでお互いにいろいろな意見を言って、結果的に「この人は採用しないほうがいい」あるいは「この会社には就職しないほうがいい」となっても、それは就活としては大成功です。

無理やり採用したり就職したりすることのほうがお互いにとってダメージがあります。

要するに、何かこだわりをもっている学生のほうが企業側は採用の可否を判断しやすい。つまり、学生もそのほうが自分に合った会社を見つけやすくて、就活はうまくいくというわけです。

チャンスをつかむための行動原則

先ほどは「こだわり」と言いましたが、言葉を変えれば、「自分なりの仮説」をもっている人という言い方もできます。

こだわりというほど強い思い入れがなくとも、「こんな働き方をしたい」という自分なりの仮説をもったうえで臨んだほうが、後悔のない就活が実現できます。

それに、この自分なりの仮説をもつ姿勢というのは、新卒採用時に限らず、将来的に転職をする際にもとても強力な武器になってくれます。

たとえば、僕がグーグルに転職したのは、26歳のとき。人事部門の一員として採用されました。

その前職、新卒で入ったＩＢＭでも、メンバーが２００人ほどいる人事部で働いていましたから、それまでの経験や自分の強みを活かした転職と言えます。

じつは、グーグルの人事部が人材を求めていることを僕に教えてくれたのは、当時の上司でした。

上司は外国人で、自らも転職を通じてキャリアパスを積極的に選び取ってきているような人だったこともあり、僕の仕事ぶりを見て、ＩＢＭよりもグーグルのカルチャーに合っているのではないか、と勧めてくれたのでした。

実際、採用試験に臨むと、グーグルが自分たちのカルチャーにフィットする人材を積極的に採用する方針を掲げていたこともあり、上司の読みどおり、とんとん拍子に進み、採用に至りました。


僕を温かく送り出してくれた当時の上司には深く感謝していますが、たまたまよい上司に出会えたのはとてもラッキーだったと思います。

ただ一方で、**訪れたチャンスをきちっとつかむことができたのは、それまでの僕の行動**

の積み重ねがあったからだと思っています。

振り返れば、当時の僕は、すでに体験から学んだ「自分なりの仮説」をもって仕事に臨んでいました。

その仮説をグーグルが評価してくれたからこそ、採用された。僕はそう考えています。

ですから、「はじめに」で紹介した5つの行動原則は、「僕がグーグルに採用された理由」という見方もできます。

ただこれは、単に個人的な見解をまとめただけのものではありません。

これからお話しすることは、僕が入社後に学んだ「グーグルで活躍する人物像」とも通底する内容であることを、ここで強調しておきます。

◆

ここまで、就活に臨む際の基本的な考え方についてお話ししてきました。

次章からはいよいよ、「世界標準で働く人がもつ5つの行動原則」——すなわち、チャンスをつかみ最速で成長するための行動原則——を一つずつ説明していきます。

第1章

「フィードバックは ギフト」と捉える

――自分の強みを 見つけるために

「フィードバックをもらいにいける人」が就活でも成功する

グーグルのような世界的企業に限らず、基本的にどんな企業でも「フィードバックをきちんと受け取れている人」や「自分からフィードバックをもらいにいく人」がすごく評価されます。

ここでいう**フィードバックとは、「自分の成長につながる指摘」のこと**です。

特に後者、**「自分からフィードバックを積極的に取りにいく姿勢」を大切にするのが、グーグル流**です。

フィードバックを待っているのではなく、いつでもどこでも勇気をもって遠慮なく自分から取りにいく。

難しく考える必要はありません。ほんの一言、目の前にいる人に「何か感想を教えてください」とお願いすればいいだけです。

ぜひハードルを上げすぎず、身の回りの小さなところからフィードバックのサイクルを回してみてください。

それを意識的に繰り返していると、やがて習慣化されて、フィードバックがあなた自身の行動原理になっていきます。

それは、就活でアピールできる強みを一つ獲得したことにもなるわけです。


グーグルでは「フィードバックはギフト」と言われていました。

ギフト（贈り物）はもらったらうれしいものですが、じつは贈るほうもうれしいもの。フィードバックはそうじゃなきゃいけないというのもグーグル流です。

僕も大賛成です。

フィードバックとは、お互いの成長を願って、さらに素敵な人になってもらうための観点を受け渡しし合う行動です。

そういう観点はなかなか自分一人では得難い。だから、ギフトという表現がすごくピッタリなのです。

ただ、ビジネスパーソンの中には、「ここを何とかしてよね」というような改善要求（ネガティブな意見）だけがフィードバックだと思っている人が少なくありません。

それは大間違いで、「ここがよかったよね」というような肯定意見（ポジティブな感想）もフィードバックです。

やはりポジティブ、ネガティブ両面のフィードバックをお互いにどんどんやり取りすることで、加速度的に強みや弱みの解像度が上がり、お互いに成長できるわけです。

自分一人で気づける自分自身の強み・弱みは非常に限られています。

なので、自分の頭の中だけで頑張ってずっと考え込むような内省の旅に出るよりも、極めてシンプルに、目の前にいる人に「どう思った？」と聞くほうがはるかに近道です。

でも日本人はシャイなのか、そういう会話が苦手な人が多くて、自分一人で考え込んで時間を無駄にしがちです。

だから、社会全体の成長サイクルもうまく回っていないのではないでしょうか。

自分自身の成長のためにも、目の前にいる人の成長のためにも、素直にどんどんフィードバックし合う。それによって個人の成長の速度は格段に上がっていく。

そういう人たちが増えることによって、社会全体の成長サイクルもよりスピーディーに回っていくと思います。

フィードバックしてもらえる信頼関係の築き方

現代は、新しい情報があっちからもこっちからもどんどん入っては消えていく時代です。これがカオスに拍車をかけています。

特にテクノロジーの世界では、ビッグキーワードが出てきてはすぐ消えていきます。

たとえば、ネット上のセキュリティの問題からブロックチェーンが注目されて、仮想通貨がぱっと盛り上がったと思ったら、WEB3・0という言葉が出てきて、NF

Tやメタバースが世界の経済を変えるなどと語られている。

つまり、今どんな状況なのか、素早くキャッチアップしていく必要があるけれども、すべての新しい情報に精通することはそもそも非常に難しいと言えます。

では、自分に必要な最新の動向に最速で追いついていくにはどうすればいいか。

当たり前ですが、一人で頑張るよりも周りの人たちの力を借りたほうが早い。

なので、自分なりに情報をちゃんと集めて決断して、前に進んでいくためにも、フィードバックをどんどん受け取って、自分で咀嚼《そしゃく》して自分のものにしていく、自分の栄養にしていく。そういう力が必須になるわけです。

ただし、**フィードバックはお互いの信頼関係がある程度ないと、よいものを渡したりもらったりすることができません。**

僕の場合、感情も含めて自分の考えていることをちゃんと吐露してくれる人のほうが、正直な人と思えるので、信頼できそうだなと感じますが、みなさんはいかがでしょうか？

特に新卒採用の担当者だったときには、自分を知ってもらおうと率直に発言してくれる学生に信頼感をもって接していました。

加えて、信頼関係を築くという意味では、その先の行動がより重要です。もらったフィードバックを自分なりに解釈して、自分の動き方に取り入れてほしいのです。

そして、何かちょっとでもいいから言動を変えて、その結果をフィードバックしてくれた人に報告してみてほしい。

そのサイクルを何周か回してくれれば、格段に信頼感が高まります。

要するに、よいフィードバックをもらうためには、まず率直に自分の考えを伝えて「この人は信頼できそうだな」というポジティブな印象をもってもらう必要があります。

そして、フィードバックをもらったら、それを行動に反映させて、相手にちゃんと結果を見せて「この人にフィードバックしてよかったな」と思ってもらえるようにする。

つまり、事前と事後のアクションがポイントです。

フィードバックのサイクルをぐるぐる回す

そのようにしてフィードバックをもらうことで、自分に足りない何か、自分が見えていない何かに気づくことができます。

ネガティブな意見であれば、「この弱みを埋められたらいいんだ」と気づき、そのマイナスを改善することで成長できます。

ポジティブな意見であれば、「自分にこんな強みがあったんだ」という新しい発見です。それもプラスの積み増しなので成長と言えます。

まさにフィードバックをもらいにいくというのは、自分の強み・弱みを見出し、成長へとつなげていく努力にほかなりません。

つまり、成長への渇望があって初めて、フィードバックのサイクルが正しく成り立つということです。

その思いが強くなければ、フィードバックをもらいにいってもまったく意味がないとも言えます。

ただ、ここでも難しく考えるのではなく、まずはできることから行動してみてください。

就活中、多くの学生は「このままでいいんだろうか」という不安感や焦燥感をもつはずです。

こういうくすぶっている状態を僕はあえて「種火」と呼んでいます。

つまり、あともう少しで、成長への情熱が燃え上がる状態です。

種火は理想と現実の摩擦によって起こりますが、現実が理想に近づくように状況を改善するためには自分が成長するしかない。

早くそこに気づいてほしいと思います。

それはわかっていても「どうしていいかわからない」と、もやもやしている人もいるでしょうが、僕に言わせると、それはもう種火を超えて、成長への渇望になっています。

ぜひ「自分はこう思うけど、あなたはどう思う?」とフィードバックをもらいにいって、成長へ向けた一歩を踏み出してください。

繰り返しになりますが、もらったフィードバックを実際に行動に移して、少しでも成長している姿をフィードバックしてくれた人に見せる。

これがフィードバックのワンサイクルです。

すると相手は、自分の意見や感想を伝えてよかったと必ず思います。

それで次もフィードバックがもらえるようになるわけです。

そういう状況になれば、成長スピードは格段にアップします。

ぜひ学生生活の中でも、フィードバックのサイクルをぐるぐる回してほしいと思います。

もちろん、企業の採用面接でもフィードバックをもらおうとする姿勢は、上向きのエネルギーをもっていると評価されます。

自己成長のために働きたいという意思表示につながるからです。

他者への「ギブ」から入ると、いいフィードバックをもらえる

僕は、フィードバックは受け取るよりも渡すほうが難しいと考えています。自分が誰かにフィードバックする立場になったときのことを想像すればわかると思います。

相手の成長を願った適切な言葉を投げかけるというのは、そう簡単なことではありません。

つまり、**ここでお伝えしたいのは、もらう側が自分自身の成長につながりそうなフィードバックを引き出そうとすることの大切さ**です。

どうしたら相手がより適切で本質的なフィードバック、改善点を含め、前向きな成長を願うフィードバックを自分にくれるようになるでしょうか？

一番効果的な方法は「ギブから入る」ことです。

よく「ギブ・アンド・テイク（give & take）」と言われますが、あの「ギブ」です。

つまり、先に「相手のために何かをする」ということ。


たとえば僕の場合、高校でも大学でも「周りの人に比べて自分は圧倒的に遅れている」という自覚がありました。

自分がとても小さな山村から飛び出してきた田舎者だ、という卑下もあったと思います。

だから都会育ちの優秀な人たちの視座を手に入れて、早く成長していかなければいけないという焦りがあったわけです。

ただ、知り合いがまったくいませんでした。

そういう状態でいきなり「教えてよ」と言っても、相手は僕がどれほど真剣にそう言っているのかわかりませんから、気持ち悪がられるだけ。

でも、草深はいいやつだ、面白いやつだ、まじめなやつだ、よく努力するやつだなどと好感をもってもらったうえで、「教えてよ」と頼めば、親切に教えてくれるに違いない。

当時の僕は、そんなふうに考えました。

要するに、まず周りの人とゼロから信頼関係を作っていく必要がありました。それを作るために僕は、自分のほうから相手に対してできることを何でもする、相手の役に立つ存在になろうとしました。

つまり「ギブ」から入って、周りの人の信頼を得ようとしたわけです。

それはグーグルに入っても同じでした。

言語に始まり、国籍、信条、生活形式など、いわゆる常識の部分から何もかもが異なる外国の人たちと何を使って信頼関係を築いていくかというと、結局は人間性の部分です。

わかりやすく言えば、まず草深はいいやつだろうと、好感をもってもらうことが重要なわけです。

だから、まず自分からギブをして、相手の役に立つ存在になる。そうやって信頼関係ができて初めて本質的なフィードバックがもらえるようになります。

そのフィードバックにちゃんと応えていると、さらに相手から信頼されるようになり、またよいフィードバックがもらえるようになります。

そういうフィードバックのサイクルを回すことの大切さは前節でも強調しましたが、このサイクルが回り出すと、加速度的に必要な情報が必要なときに手に入ってくるようになります。

じつは、フィードバックのサイクルを自分で作り上げる力は、序章の冒頭で紹介した「カオスを生き抜く力」そのものとも言えます。

自分にとって何が正解かわからない未知の環境ということで言えば、まったく知り合いがいない学校も、初めての社会人生活も、自分の常識が通用しないグローバル企業も、同じカオスです。

そのような状況下では、たくさんのフィードバックをもらって、いろんな情報を取捨選択しながら新しい環境に適応していかなければならない。

そんなときに必要となる**フィードバックのサイクルの始まりは、あくまでも自分からのギブである**ということを、ここでは覚えておいてほしいと思います。

最初のギブはどんな小さなことでもかまわない

最初のギブはどんな小さいことでもかまいません。

たとえば、挨拶《あいさつ》するときに、こちらから先に挨拶するのだって、立派なギブだと思います。

大事なのは「自分が相手にできることを何でもする」という気持ちをどんどん行動で示すこと。

たとえば思い返してみると、僕が高校に入って最初にやったギブは、同級生の名前を覚えることでした。

長野県全体から生徒が集まる学校なので、クラスの40人、ほとんど知らない者同士です。

教卓に貼ってあったあいうえお順の座席表で全員の名字を覚えました。

アカハネ、イイジマ、イチカワ、ウエノ、オノ、オビナタ、コジマ、コバヤシ……。入学して間もない休み時間、みんなが次の授業の準備をしたり、数少ない知り合い同士がおしゃべりしたりしているとき、僕は教卓に行って一生懸命暗記していました。

それで全員、初めて声をかけるときに名前で呼ぶようにしました。

「え？　何で知ってるの？」と驚かれて、「いや、座席表を見て覚えただけだよ」と。そこから会話がスタートする。

他にも、ホームルームで、みんなやりたがらない進行役を「僕でよかったら、やります」と自分から買って出たりしました。

僕の動機は本当にシンプルで、「早くみんなになじまなくちゃいけない」と考えただけです。

中学を卒業してすぐ親元から離れての生活を始め、まったく知り合いがいない中で始まった学校生活だったので、自分が何とかちゃんと勉強して生きていく環境を作らないとヤバい……そんな恐れ、不安、焦りがありました。

だから入学当初から、とにかくクラスのためにいいかなと思うことを率先してやったというわけです。

おかげでクラスメイトにも早く存在を覚えてもらい、コミュニケーションが増えたことで得られたフィードバックはたくさんありました。

何をギブすればいいかわからないときは、一歩引いて、「これをする人がいたらもっとうまくいきそうだな」ということを想像するとよいでしょう。

学校のクラスでも企業のチームでも、組織の一員が行うギブとして最も効果的なのは、その組織の中で足りないものを自分が補うことだからです。

たとえば、高校に入学してすぐにクラス全員の名前を覚えた僕に、みんなが好感をもってくれたのは、お互いに名前を知らないせいでクラスのコミュニケーションがうまくいかないという困りごとがあったからです。

実際、みんなの名前を覚えている僕がハブ（拠点）のようになって、クラスメイトたちのコミュニケーションの活性化にひと役買えたのかなと思っています。

大げさに言えば、それまで組織になかった機能を僕が補填《ほてん》したわけです。

そういうことを自分でどんどん見つけて、自分から積極的に取り組んでいく。そうすると、だんだん周りから信頼されるようになっていきます。

フィードバックでは事実と解釈を分けて受け取る

フィードバックを受け取る際は、「事実と解釈をきちんと分ける」のが大事なポイントです。

それらを分けずに丸ごと受け取ってしまうと、フィードバックはうまく機能しません。

たとえば、学生同士でグループディスカッションをすると、中には他の人の意見をさえぎりがちな学生もいます。

全然悪気がないのは見ていてわかるし、頭の回転が速いから十を聞く前に「それってこういうことだよね」と言いたくなるのでしょう。

そういう人がいると、議論の進行のスピードが速くなるのは確かです。

ただし、意見をさえぎられた学生はショックを受けて萎縮します。中には「代弁してくれてありがとう」などと気にしない学生もいますが、それは少数派で、多くの場合、全体の議論が盛り上がらなくなります。

なので、意見をさえぎりがちな学生が「私のグループディスカッションのパフォーマンスはどうでしたか？」などとフィードバックをもらいにきたら、まずそういう事実を伝えて、「そこをちょっと意識して、相手の意見を最後まで聞いて、そのうえで話し始めるほうがよいかもしれない」という僕の解釈も添えてフィードバックを渡しています。

このようなときに大切にしてほしいのは、**事実と解釈を分けたうえで、まず事実の部分はそのまま受け取る**ということです。

フィードバックの中には、ときに自分の意に沿わない情報が含まれているかもしれません。

すると、内心イラっとして、反発したくなることもあるでしょう。

でも、事実から目をそらしていては、いつまでたっても前に進むことができなくなってしまいます。

ですから、事実は事実としていったん受け取ったあとで、その事実に対する解釈の部分をどう活かすかを別途考えるようにしてください。

たとえば、僕が伝えた「会話をさえぎっていたシーンがあったこと」、その結果として「萎縮してしまう人もいる」というのは、ただの事実なので、そのまま受け取っておく。そうしたうえで、その後の行動に僕の解釈（アドバイスの部分）を活かすかどうかを判断する。

そのように考えたほうが、さまざまな角度から飛んでくるフィードバックを「ギフト」として冷静に受け止めやすくなります。

フィードバックが上手な人はもらうのも上手

そして、**ギフトであるフィードバックを受け取ったら、自分からも積極的にフィードバックを返してあげるようにしてください。**

そのほうが、当然ですが、フィードバックのサイクルがどんどん回りやすくなります。

先ほど「フィードバックは受け取るよりも渡すほうが難しい」と述べましたが、フィードバックを渡す際にも「事実と解釈をきちんと分けて伝える」ようにすると、相手が受け取りやすくなります。

実際にやってみるとわかりますが、人に何かを指摘するときには、いろいろ気づかいが必要で、特に否定的な内容であれば、これを言って相手が傷つかないだろうかなどと考えて、言いづらいこともあるでしょう。

そのようなときも、事実と解釈を分けて伝えれば、否定的な事実に前向きな解釈を添えることも可能になります。

このとき大切なのは、受け手にも「フィードバックはギフトである」と感じてもらえるように心がけることです。

特にグーグルのような世界的企業では、共通言語が英語なので、日本人は苦労することが多いわけですが、事実と解釈を分けたうえで、相手の成長を願って丁寧に伝えれば、多少言葉がつたなくても、相手は受け取ってくれます。

そのようにしてフィードバックをもらい合う関係が当たり前になっていけば、渡し手も受け手もフィードバックをする際のストレスが減っていき、耳が痛い指摘でもお互いにギフトとして受け取りやすくなっていきます。

じつは、**自分がフィードバックを受け取るのが上手になると、自分の周りにフィードバックを渡してくれる人がどんどん増えていくという好循環が生まれます。**

受け手が「フィードバックはギフト」と理解していることがわかると、渡し手はすごくフィードバックを伝えやすくなるからです。

そのようにして自分の姿勢が周りに伝播《でんぱ》していくわけです。

ですから、「フィードバックはギフト」と考えて、どんどんフィードバックをもらいにいったり、してあげたりしてほしいと思います。

「フィードバックが強みの使い方を教えてくれる」

グーグルで働くようになって、僕はそれ以前と比べより多くのフィードバックをもらえるようになりました。

そして、そのことで、僕の自己効力感は確実に高まったと思います。

たとえば、グーグルで受け取っていたフィードバックは、多くが次のようなセリフでした。

「あなたのこういう部分が素晴らしい。そのうえで、ここがさらに伸びるともっとあなたらしい強みが活かせる。そうすると、さらにこんなよい結果につながるんじゃないかな」

つまり、一般的な正解の押しつけではなく、自分ならではの強みを活かした成長を期待してのフィードバックでした。

自分という個をもって仕事をするためには、こういう目の前にいる人からの、マニュアル的ではない、いわば本質的なフィードバックが大事です。

就活も同じです。

サークルや研究室の先輩など、距離の近いところにいて自分の人となりを知っている人たちに直接相談して、アドバイスを受けたりすることで、「当たり障りのない正解」を目指すようなマニュアル的な思考から解放されていくはずです。

実感のこもったフィードバックによって、「自分がやりたいことはこうなんだ」「それを実現するためにはこういう方向に進むべきなんだ」などと、就活の本質的なところが整理整頓されていくのです。

身近な先輩に限らず、企業のリクルーターなどから、そういうフィードバックがもらえる場合もあります。

あるいは、就活のライブイベントに参加して、他の学生たちの様子に直接触れるだけでも肌に感じる刺激があって、頭の中にあるたくさんの情報を取捨選択して洗練させていくのに役立ちます。

そういう実感のこもったフィードバックや生々しい刺激がないと、やはり人は本当の納得感が得られないのだと思います。

つまり、本やネットの情報をインプットするよりも、実際に息をしている人からのインプットのほうが「ああ、そうなんだ」と腹落ちするわけです。

その意味で就活は、「えい！」と他者の中に飛び込んで、何か違ったらあとから考えるくらいのフットワークの軽さが大切だと思います。

リアルな相談相手がいたほうが早く答えにたどり着ける

昔から「就活に取り組む学生は頭でっかちになりがち」という傾向はあるのですが、近年、ウェブ上に載っている就活関連の情報量はまさに洪水のようで、多くの学生はそれに溺れた状態です。

特にコロナ禍では、対面での就活ができず、企業も個人もTwitterやInstagramなどを使って情報を上げまくっていました。

いろんな就活セミナーもオンラインになったおかげで、大量に開催されています。

今の学生はデジタルネイティブの世代ですから、そういう環境はむしろ楽でしょう。

だから、マニュアル的な情報がばんばん頭の中に入ってくるわけです。

一方で、「その中のどれが本当に自分にとって意味のある情報か」「その情報を自分はどうやって活用したらいいか」「それをやって自分は何を得られるのか」といった、自分にとっての整理整頓、取捨選択に役立つフィードバックを生身の人間からもらうチャンスが非常に少なくなっています。

これは学生にとってかなり不幸な状況だと思います。

自分なりに考えたことをぶつける生身の相手がいなければ、効果的な試行錯誤はできません。

その結果、頭の中にある情報が本当に自分で納得できるかたちになっていない学生がすごく多くなっています。

つまり、情報を自分のものにする、その本質を理解するという洗練の過程が抜け落ちている。だから余計に不安を感じる。

それで「みんながやっているから自分もやっておこう」というような、いわば守りの就活しか実行できない学生が多くなっているようです。

序章で「自己分析って、やったほうが有利なんですか？」と聞いてくる学生がいるとお話ししました。

自己分析のやり方は山ほどネットに転がっていて、それを真似すれば誰でもできるものの、それらの情報からは人生を左右するような本質的なフィードバックを得ることはなかなかできないということでしょう。

だから「一応やるけど、これ何のためにやっているんだろう？」という疑問が放置されてしまい、ずっとストレスや不安を抱えてしまうわけです。

こういう状態から抜け出すには、やはり、先ほどに述べた「『えい！』と飛び込み、あとで考えるフットワーク」が必要になります。

たとえば、キャビンアテンダント（CA：客室乗務員）になれたらかっこいいなと思っている学生が大学の先輩のCAさんに直接アドバイスをもらいに会いに行く。

でも、実際に仕事の話を聞いてみたら、自分がネットで読んでイメージしていたのと全然違っていて、自分がやりたいことじゃないと感じた。

そこで「じゃあ、私が本当にやりたいことって何だろう？」と考える。

「私はホスピタリティを発揮したいのだから、ホテル業界なども就職先の候補に入れるべきなのではないか」と思い、また先輩に話を聞きに行く。

そういう行動と内省を繰り返すことで、自分一人でもやもやとしたストレスや不安を抱えなくてよくなります。

しかも、目の前にいる人から直接聞く体験談のほうが本やネットの情報よりも納得感が格段に高いので、次の一歩に強くつながっていきやすい。

そういう意味では、対面の機会を激減させたコロナ禍は、就活にすごく大きなマイナスの影響を及ぼしています。

だからこそ、自ら生身の他者の中に飛び込む機会を作り、リアルな話を聞きながら考えを整理していく積極性がより一層大事になっているとも言えます。

もちろん、自分一人の頭で考えて試行錯誤を繰り返すこともできます。

でもそれでは、「本当にこれでいいのか」という最終的な確認ができず、結局は不安を抱えたまま、たとえば、本番の面接に臨むことになります。

一方、目の前にいる人に「これでいいのかな？」と聞き、「やってみたら」と答えてもらうだけでも、「そうか、やっぱりこれでよかったんだ」と前向きな気持ちになれます。

いろいろな意見に触れることで、逆に迷いが生じることもあるかもしれませんが、それはそれで深く考える機会を得られているわけですから、決してマイナスにはなりません。

多様なフィードバックに触れることで、どこまで深く考えられているか。その違いが、面接の本番で大きな差を生みます。

内容はともあれ、自分の頭で考えた言葉かどうかというのは採用担当者に必ず伝わるものです。

生きやすさは「フィードバックをもらえる人の数」に比例する

ここまで、フィードバックの大切さについてお話ししてきましたが、就職後も上司や顧客、先輩などからフィードバックを繰り返しもらう作業は続きます。

その意味でも、早くからフィードバックを積極的にもらいにいく習慣を身につけておいて損はないと言えます。

僕は「生きやすさはフィードバックをもらえる人の数に比例する」と考えています。

自分以外の人たちがもっている視点の中に多くの発見や学びがあるわけですから、それを教えてくれる人数が多ければ多いほど、生きやすくなるはずです。

たとえば、自分がまったく知らない地方に引っ越したときのことを思い浮かべてみてください。

そこで心身ともに健康に生きていくためにやっておいたほうがいいこと、心がけたほうがいいことは、そこに先に住んでいる人のほうが断然多くの情報をもっているのが当たり前です。

ただし、自分が信頼される人間じゃないと、その情報はちゃんともらえません。

つまり引っ越し先での問題は、自分自身がどうやってより多くの人に信頼される人間になるかです。

自分を信頼してくれる人の数が多ければ、生活に必要な情報をより得やすくなり、最速で新しい環境に順応することができるでしょう。

この場合、やはり大事なのは「自分はまだ何も知らないことだらけの新参者なので、どうか教えてください」という謙虚な姿勢です。

自分自身を成長させていくときに必要な姿勢も、じつは同じです。

「私の考えや行動は間違っているかもしれないから教えてほしい」と、謙虚な姿勢でフィードバックをもらいにいく。当たり前と言えば当たり前ですが、これがすごく大事なマインドになります。

第2章

他者の「ユニークネス」にも注目する

――成長のスピードを上げるために

ユニークな個と絡むことが加速度的な成長に直結する

グーグルのような成長し続ける世界的企業は「強い個の集団」と言えます。

そういう人たちの集団では、お互いの得意・不得意がはっきりわかります。

なので、お互いの得意な部分を尊重し合うこと、お互いが不得意な部分をカバーし合うこと、その両方が求められます。

グーグルの場合、序章でも触れたように、「チームワーカーであること」は社員に求められる非常に重要な素養の一つです。

個人としても組織人としても魅力的な人たちが集まっている。そういう集団だからこそ、大きなインパクトの成果が出せるし、加速度的に成長できるわけです。

言い換えると、ユニークネス（個性）のない組織人だけを集めて全体としてパワーを発揮してもらうのは、土台無理な話ということです。

だからグーグルのような世界的企業は、いわばスペシャリストを好んで採用します。

つまりその一員になるには、少なくとも「自分はこれで輝けますよ」ということを自分自身がちゃんと理解していること、先に述べた強みの自己分析などが大事になるわけです。

ただし、ともすれば、専門性を高めたスペシャリストは、独りよがりで視野の狭い人間になってしまう可能性もあります。

どんどん自分の限界を知り、その天井を突き破っていける人ならいいのですが、そういう人はなかなかいません。

やはり自分の限界やもっと広い世界があることを知るには、周りにいる人からいろんな気づきを得たほうが早いと言えます（フィードバックの大切さについては前章でお話ししました）。

グーグルの場合、周りにいるのは自分とは別の種類のユニークな個性をもった人たちであることが多かったのです。

そういう人たちとさまざまな場面で絡むことは、加速度的な自分の成長に直結します。

その意味では「自分のユニークネス」と同時に「他者のユニークネス」を理解し、尊重することが不可欠になるわけです。

他者との違いを通して自己を知る

とはいえ「他者のユニークネスを尊重する」というのは、それほど簡単な話ではありません。

僕がグーグルに入ってすごく印象的だったのはインドの人たちの時間感覚でした。

グーグルのインド法人で働いていた同僚とオンラインミーティングをしたときの話ですが、なんと30分間の予定だったミーティングに20分くらい遅刻してきたのです。

残り10分しかありませんから、僕はもちろん急いで最低限の確認を済ませようとしました。でもその人は、そこからさらに20分くらい、最近飼ったペットがかわいいという話を夢中になって共有してくれました。

そのときは僕が、たまたま時間に余裕があってつき合えたからよかったけれども、正直、日本の常識から考えると、「この人、大丈夫だろうか？　仕事を任せていいんだろうか？」と真剣に心配になったわけです。

早速、上司にその話をしたら「インドでの時間の捉え方はとてもユニークで、日本とは全然違い、その人に限らず全体的にゆったりしているんですよ。これからも一緒に仕事をするんだから、リスペクトしつつ、どうしたらうまく目的を達成できるか、お互いに工夫してみましょう」と教えられました。


その後も、たとえば毎年、アジア圏の人事スタッフが一堂に会する大きな会議があったのですが、ミーティング開始時間の2分前に、インドチームは全員でコーヒーを買いに行ったりする。

他のアジアチームも「インドチームは本当にマイペースなんだから」と笑っていたのを覚えています。

こういった感覚の違いは、そもそもの生活様式や文化からくるもので、たとえ文句を言ったとしても、いきなり直せるものではありません。

そもそも直すべきものなのかどうかをお互いに考えるなど、習慣の違いを受け入れてうまくやっていく術《すべ》を身につける必要がありました。

要するに、自分が常識だと思っていることでも、ある人にとっては全然常識ではない。そんな他者との違いを通して、当たり前すぎて無自覚だった自己の価値観にもあらためて気づくことができる。

それがすごく大きな学びだったわけです。

「他者のユニークネスを通して、物事の本質を見る目を養う」

今日のカオスの時代は予測不可能性の塊です。つまり、これまでの常識がまったく通用しない。

今ある問題だけがすべてではなく、どんどん新しい問題が出てきます。それをどんどん解決していかなきゃいけない。

そのサイクルが年々早まっていると思います。

今日求められている問題解決の能力は、常識にとらわれることなく、いかにスピーディーに、最低限の情報から筋のいい解決策を導き出して実行するかというものです。

そのときに重要なのは、まず問題の本質を見極めることです。

先ほど「スペシャリストは独りよがりになりがち」と言いましたが、「本当に解決しなきゃいけない事柄は何なんだろう？」と考える際に、どんなにスピーディーでも独りよがりではまったく意味がありません。

なのでグーグルは「ユーザーファースト」を非常に大事にしています。

つまり、常に「お客さまにとってこの問題の本質は何か、どう解決したらお客さまのためになるのか」と考えるわけです。


このユーザーファーストの視点は、対人関係に使うことができます。

要するに、**「相手が何を言いたいのか、何をしたいのか」と、まず考える。するとその先に、その人のユニークネス――つまり、その人の本質――も見えてきます。**

この「相手が何を言いたいのか」が理解できなければ、会話は成立しません。

特に未解決の問題に取り組む場合、相手の立場が理解できていないと、建設的な意見交換どころか、ディスカッションの入り口に立つことすらできません。

そういう経験をグーグルでたくさんしました。

時間感覚がまったく違うインドの人たちはそのいい例です。

なので、まずは自分の常識を脇に置いて、相手の立場から物事を見ること、「相手が何を考えているか」を知ることが大事になります。

そのうえで、お互いの交差点——つまり、共通の目的に向けて、お互いにどのような貢献ができるのか——を探しながら会話を進めていく。

僕は常に相手のユニークな部分を見つけるようにしていました。

相手の個性を尊重しながら会話するようにすると、それぞれがもっている常識とは無関係に、ちゃんと信頼関係が醸成されていきます。

ユーザーファーストはチームワークに通じる

ユーザーファーストの視点は、チームの目標や活動内容を考える際にも欠かせません。

先に高校1年生のときの文化祭のエピソードを紹介しました。

「何かユニークな出し物をしたら、見た人が今年の1年はいいぞと思うのでは？」。

この僕の提案がモザイク壁画の制作に至るホームルームの議論のスタートでした。

今考えると、これはユーザーファーストの視点です。

クラスの出し物を見てくれる人は、生徒にとってのお客さんです。

まず「そのお客さんがどう思うか」を考える。他のクラスと同じダンスだったら飽きてしまう。だから違うものをやろう、と。

そんな僕の提案をきっかけに「自分たちが何をやるか」ということだけにフォーカスしていた独りよがりの議論が、「見てくれる人のために何をやるか」というユーザーファーストの視点の議論に変わったわけです。

ちなみに、僕たちのクラスにはどちらかというとおとなしいタイプの生徒が多く、体を動かすのは得意じゃない人が結構いました。

ダンスは嫌だなと思っているのに主張できない子もいるんじゃないか。そういう思いも僕の中にはありました。

これもユーザーファーストの視点と言えるかもしれません。


本当に価値があるのはAかBか？　そういう問いに対して答えを出すには、問題の本質を抜きには考えられないはずです。

クラスの出し物で言えば、「従来どおりのダンスか、ユニークなモザイク壁画か」

を考える際の本質は、やはり「見てくれる人がいる」ということです。

大学生のゼミのグループ研究などでも同じです。

指導教授の顔を思い浮かべながら無難にこなしがちですが、その先に本当のユーザーがいるはずです。

「何（誰）のための研究なのか」という視点から考えると、「何に着目して、何をやらなきゃいけない」ということが必ず変わると思います。

ただ、ユーザーファーストの視点を徹底すると、問題の難度がより高くなるケースも少なくありません。

でも、そういうときこそ、お互いのユニークネスを発揮して、それぞれにしか思いつかないアイデアを主張し合い、みんなで協力して実行するチャンスです。

こうした経験は自分自身の成長に直結します。

なので、臆することなく、ユーザーファーストの視点を積極的に取り入れてほしいと思います。

ちなみに、ユーザーファーストの視点は、自己分析にも使うことができます。

たとえば、自分の強みを見つける際に「周りの人に自分のどんなところが頼られているのか」と考えてみる。

すると思いがけない強み、自分自身のユニークネスが見つかるはずです。

「お互いを活かし合っていく姿勢」がないと、自分も輝けない

ユーザーファーストと言ったときのユーザーには、いわゆるお客さま（顧客）にとどまらず、相談相手やチームメンバー、クラスメイトなどさまざまな関係性の人が含まれますが、共通するのは「自分の時間を使って何か価値を提供しなければいけない相手」だということです。

僕のグーグル時代で言うと、人事部門で新卒採用を担当していたので、僕にとってのユーザーはGmailやグーグル カレンダーを使っている人やYouTubeを見ている人たちではありませんでした。

採用に応募してきてくれる学生たち、面接官として僕の代わりに学生と相対してくれる社員たちがユーザーでした。

その人たちの立場に立って、いろいろ考えて仕事をしていたわけです。

また人事部門の同僚は、グローバルチームだったので、言語も常識も違う人たちでした。

そういう人たちと一緒に仕事をしていくには「何もかも違って当たり前」という目線から入ることが不可欠でした。

日本人同士と違い、「言わなくても何となくわかってくれる」ということが一切ない。だから「ちゃんと説明しないと何も通じない」という前提でコミュニケーションを重ね、信頼関係を醸成していくことがとても大切だったわけです。

こうした意味では、相手が面接官であっても、学生であっても、同僚であっても、臨む姿勢はまったく変わりません。

「相手が何を期待しているのか、何に困っているのか」、そういうことをしっかりとつかむことで、お互いを活かし合う関係にもっていけるということです。

先ほど紹介したインドの人たちの時間感覚もそうです。

日本人は「すみません、急用が入ってしまって」とか「電車が遅れました」とか、遅刻の理由を言って、謝罪から入ることがマナーであり、常識とされています。

一方で、インドには「時は人に支配できるものではなく、流れるものだ」という常識があります。

その目線から見れば、ミーティングの開始時間に少しくらい遅れても気にならない。もし予定を忘れて欠席しても、「時間は流れるものだから気にしないでくれ」なんてセリフも、立派な説明になりそうです。

日本人の常識から考えると、とんでもない理屈に思えるかもしれません。

しかし、遅刻してきたインドの人たちに、頭ごなしに「何で遅刻したんだ！」と怒ったら、一発で信頼関係が崩れてしまいます。

「それは日本の話だろ！」と逆ギレされるかもしれません。

要するに、**どちらの常識が正しいか、間違っているかというのは無意味な問いと言えます。**

お互いに「違って当たり前」という大前提に立つ姿勢が不可欠です。

そういう姿勢があって初めて相手のユニークネスに気づけるし、自分のユニークネスにも気づいてもらえるようになります。

そのような関係性があればこそ、お互いのユニークネスを最大限に活かし合うことも可能になるわけです。

相手の立場からちゃんと物事を見る

ユーザーファーストの視点とは、要するに「相手の立場からちゃんと物事を見る」ということです。

自分が相対している人（ユーザー）の立場に立つことで、お互いの異なりやお互いの間にあるギャップを理解することができます。

そのうえで、そこを乗り越えて協力していくことが大切です。

日本はすごく似通った文化をもった人たちが住む島国です。

みんな日本語が話せて、長く歴史も共有されています。

だから「空気を読む」といった日本ならではの考え方も成立するのでしょう。

日本を飛び出してもっと世界とつながろうとする若い世代にとって、そんな共有されている部分が多すぎる環境で生まれ育ったことが、ものすごく足かせになっていると感じます。

世界とつながるには、全然違う文化の人たちといろんな常識の異なりを擦り合わせながら、そこを乗り越えていかなければなりません。

でも日本の中で普通に暮らしていたら、そういう経験はなかなかできないはずです。

ただ日本でも、たとえば僕のような田舎出身の人にとっては、東京のような都会に出ることだけで、まったく知らなかった事柄と出会う機会になり得るでしょう。

実際、僕は小さな村を離れて都市部の高校に進学しただけで、自分の常識とは異なる常識が存在することを痛感しました。

さらに、高校卒業後に進学したＩＣＵ（国際基督教大学）やＩＢＭ、グーグルでも、いろんな外国の人たちと出会ったこともあって、そういう経験をしてきました。

その意味では、僕はとてもラッキーだったと言えます。

今日の日本では、同質的な文化が根強くある一方で、「個の時代」が強調されています。

同じ日本人でもそれぞれ異なっているから、その違いをちゃんと見つめられる精神（マインドセット）やそれを活かすスキルが求められているということです。

これから日本では、個性に基づく多様化が進んでいくでしょう。

そういう環境の中で、考えの異なる人と信頼関係を構築し、自らのユニークネスを発揮しようと思ったら、やはり、相手の立場からちゃんと物事を見るユーザーファーストのセンスをもっている必要があります。

だからユーザーファーストの視点は、世界とつながって活躍したい若者に限らず、これから日本の中で就職する学生にとっても大事なポイントだと言えます。

自分のユニークネスと仕事を結びつけて考える

前節で、「違って当たり前」という前提で相手を見ると、ユニークネスに気づくことができると述べました。

これは言い換えると、「誰でも必ずユニークネスをもっている」ということです。もちろん、それは自分も含めてのこと。

なので先に説明した**就活の自己分析でも、ぜひ「自分のユニークネスは何だろう」という観点から、自分の強みを言語化してほしい**と思います。

僕がグーグル時代に出会ったある学生（Aさん）のユニークネスにまつわる一つのエピソードを紹介します。

Aさんは1次選考を通過して2次選考を間近に控えていました。

当時、人事担当だった僕は、2次選考に向けた準備を手伝う目的で、Aさんをカジュアルな面談に誘い、いろいろとヒアリングしたわけです。

就活中の学生はすごく準備をしていて、たとえば「自己紹介してください」と言うと、本当にすらすら話します。

そのときのAさんも、僕が「自分が誰にも負けないなと思っていることはありますか?」と聞いたら、「ビジネス書をたくさん読んでいるので、そういう知識なら誰にも負けません」とか「積極的にビジコン（ビジネスアイデアコンテスト）に参加しているので、人前に出ることが得意です」とか、いかにも就活で受けそうな当たり障りのない話をよどみなくアピールしました。

それはそれで素晴らしいのですが、この手の話をする学生は大勢います。なので、僕としてはもっとAさんにしかできないことを知りたかった。

「そういう話じゃなくて、何かもっと昔から夢中になっていて、今もやっていることはないの?」と聞いたわけです。

Aさんは、しばらく「うーん」と考え込んでから、「こんな話でいいかわかりませんが、私、F1が大好きなんです」と。

「あ、それそれ、そういうの！」と僕はうれしくなりました。

仕事ができる人かどうか以上に、どういう人間かを理解しないと、グーグルの環境の中で成長してくれる人なのか判断できません。

なので採用側は、ビジネス書やビジコンではなく、一見仕事に1ミリも関係ないような事柄でも、その人の根源的な興味・関心を知りたいわけです。

僕は「どういうレースがよかった？」「注目しているドライバーは？」など、次々と聞きました。

Aさんが言う名勝負をYouTubeで一緒に見ながら解説してもらったりもしました。

Aさんは「同年代には同じような趣味の人があまりいないし、グーグルとも関係ないと思っていたので準備していなくて。うまく答えられなくてすいません」と不安そうでしたが、「Aさんの性格がすごく出ている話だから、とてもいい。もっと教えてよ」と、掘り下げる質問を続けました。

「F1のどういう要素が自分の心に刺さるの？」と聞くと、Aさんが「F1にはさまざまな制約があります。その中でドライバーたちはそれぞれの個性を発揮すべくレースに参戦しています。それがすごく面白くて、私的にはエンターテイメントなんです」と答えてくれました。

それで「それだったら、グーグルではこういう仕事ができるかもね」と伝えたりもしました。

グーグルは広告を扱う会社なので、Aさんがプロスポーツ関連の広告の発信を頑張れば、スポーツ業界をサポートすることもできるし、グーグルにも貢献できる。F1だけではお客さまの数が限られるので、人々を興奮させる時間を作るプロスポーツと大きく捉えたほうが選択肢が広がるかもしれない。

そんな話をしたわけです。

Aさんは「2次選考のモチベーションがすごく高まりました。グーグルに入って、プロスポーツの支援をしていく仕事をぜひやりたいです」と喜んでくれました。

Aさんは結局、最終選考も突破してグーグルに入社しました。

それで何度か異動して、今はスポーツ関連のお客さまをサポートするウェブ広告の仕事をしています。

借りものの言葉は相手の心に刺さらない

Aさんの中では、F1好きが志望動機にまったくつながっていませんでした。

しかし、僕はそれをすごく大きな強みと感じました。

それで、深掘りの質問をしていったら、より的確に自分自身を表現できるようになったわけです。

あのとき、僕がAさんのF1への熱い思いを聞き出していなかったら、Aさんは選考を突破することだけに集中した自己PRに終始していたと思いますし、その結果としてAさんのもつ個性や情熱が面接官たちにうまく伝わらなかったかもしれません。

「誰でも必ずユニークネスをもっている」という前提を僕がもっていたからこそ、AさんならではのF1の話を引き出せたし、深掘りの質問もできました。

一方、Aさんのほうは僕の質問に答えているうちに就活に対する納得感がすごく高まりました。

それまでのAさんは、自分のユニークネスに自信をもっていなかったし、就活では、自分のいわば根源的な思いを表に出さないほうがいいと思っていた。

でも、**本当は「自分のユニークネスをどう仕事の中につなげていくか」を考えるのが就活**です。

Aさんはそういう就活の本質に気がついたわけです。

じつは1次選考を終えたあと、Aさんについて面接官から「合格でいいんだけど、ハートを感じなかった」というフィードバックがありました。

何でもそつなく答えてくれるけれども、「どうしてもグーグルに入りたい」という覇気を感じなかった。2次選考以降ではそこを確かめたい、と。

Aさんとは選考開始前にも会話する機会をもっていて、元気ではつらつとした印象を覚えていたので、覇気がないという印象に違和感をもちました。

それで2次選考前の予備選考のときに、何か引き出せることがないかと、いろいろ質問したわけです。もちろん、そういうフィードバックがあったとは言わずに。

言うまでもなく、AさんがF1好きだから合格したのではありません。

そういう自分がもっている「パッション」をちゃんと伝えることが大事なのです。

つまりAさんの場合、1次選考では志望動機を伝えるための武器が間違っていたわけです。

2次選考以降の面接官からのフィードバックには、「なぜグーグルで広告の仕事をやりたいか、その先にどういうものを見ているか、本人が情熱を注いでいる身近な例を用いて的確に説明できていた。あの情熱は本物だと思う。能力も申し分ないし採用でいいと思う」といったことが書いてありました。

どこかから借りてきたような美辞麗句を並べて、ユニークネスのない受け答えをしても面接官の頭や心に刺さってきません。

やはりAさんのように、ちゃんと腹落ちしていることを自信をもって自分の言葉で語ると、自分のユニークネスやパッションが面接官にはちゃんと伝わるわけです。

「認知バイアス」に気づくと、成長のスピードが上がる

ここまで、ユニークネスに気づくために欠かせないユーザーファーストの視点――「相手の立場からちゃんと物事を見る」こと――の重要性について説明してきました。繰り返しになりますが、それは「違って当たり前」という大前提がないと成り立ちません。

でも「違って当たり前」には最大の敵がいます。それが「認知バイアス」です。バイアス（bias）とは、先入観や思い込みのこと。すなわち、認知をゆがめる先入観が、認知バイアスです

この認知バイアスを排除していくことが、自分の中に「違って当たり前」を刷り込むことにも直結します。

たとえばグーグルでは「バイアス・バスティング（先入観の破壊）」という研修が全社員に行われていました。

「あなたはバイアスまみれです。バイアスにはこういう種類があります。それを意識的に排除して仕事をしましょう。メール一通書くときも意識しましょう」といったことを学ぶ研修です。

自分が生きてきた中でもってしまったバイアスは、誰にでもあって当たり前です。個々人に「これは当然だよね」と思っている物事を認識する際のスタートがあって、それはそれぞれに違いがある。

それを「認知バイアス」と呼ぶわけですが、じつはいろんな意思決定がこれの影響を受けています。

どんなに自分にはバイアスがないと思っていても、それは気づいていないだけでバイアスは確実にあります。

なので、「自分は何かの思い込み、偏った知識や情報で判断していないか」と、常に注意したほうがいいわけです。

つまり、自分の中で「違って当たり前」を大前提にするためには、まず、みんなに認知バイアスがあることを理解し、自分の考え方は何かしら偏っていると自覚することが不可欠です。

そのうえで、それを意識的に排除することによって、相手の本質的なユニークネスに気づくことができるようになるわけです。

たとえば、相手が言った仕事に関するアイデアにしても、自分の思い込みだけで「ピンとこないからノー」と判断しがちです。

でも自分が気づいていないだけで、ものすごく可能性があるアイデアかもしれません。

グーグルのバイアス・バスティングは、そういう企業の成長につながるようなアイデアがつぶされないようにするためのトレーニングです。

突飛なアイデアを言う相手に対して、「知識や情報が足りないに違いない」などと切り捨てるのではなく、「なぜこのタイミングでこんなアイデアが出てきたんだろう?」「どういう思考プロセスなんだろう?」「私が見落としていたものはないだろうか？」、そんなふうに相手について、アイデアについて本質的に考えられるように全社員を教育しています。

そうやって常にバイアスを排除して考えていると、いろんなアイデアの可能性に気づけるのです。

多様なユニークネスをもった人同士が一緒に仕事をする場合、お互いのいいところも悪いところも、違いがあること自体を武器と捉えて、お互いを活かし合っていくことが大事です。

そのためには、表面的な会話の中での擦り合わせはもちろん、相手がまだ言葉にできていない潜在的なニーズに気づこうとする姿勢が必要です。

自分が何をしたら相手の役に立つかを考えるには、相手が気づいていない課題や強み・弱みといったことまでしっかり思いを巡らせないといけない。

確かに、常にそのとおり実践するのはなかなか難しいとは思います。

しかし、相手は何かのヒントを無意識的に必ず発信しているものです。

それに気づこうとする意志があるだけでも、コミュニケーションはまったく違ったものになります。

要するに、**認知バイアスは、個人の成長にとっても企業の成長にとっても、最大の敵な**のです。

認知バイアスの背後には
その人のユニークネスが隠れている

僕にも、認知バイアスに気づくことで、自分の成長を実感できた経験があります。

グーグルで働いていた頃の出来事です。

当時の僕は、会社で開催するイベントの企画チームのリーダーを務めていました。メンバーはシンガポールやインドの人たちで、何度かリモート会議を行ったのですが、僕の中では「まず開催の日時を決めないと、会場が選べないし、何人呼べるかも決まらないし、予算も立てられない。だから最初に決めるのは日付」と、当然のように考えていました。

だから最初のミーティングで、ちゃんと論理的に制約条件を説明して「まず日付を決めよう」と提案しました。ところが「コンテンツが最初でしょ」とか「いや、会場でしょ」とか、メンバーそれぞれが言い出して、いきなり議論が紛糾し始めました。

「まず会場」と言ったBさんの言い分は「すごくきれいなオフィスを訪れたら、ゲストはそれだけで喜んでくれる。同じグーグルでも、いけてないオフィスだったら絶対に楽しめない」というもの。

「でも、空いているか空いていないか、日付決めなきゃわからないよね？」と言っても、「だから会場を決めて日付を決めたらいいじゃん」と、頑として譲らないわけです。

「まずコンテンツ」と言った人も同じように、参加者の目線で楽しい時間を過ごしてもらうことを最優先にして、日付のような数字的な話はあとからでもよいと考えていました。

彼ら彼女らには、これまでの経験から得た強い思いがあるはずです。

それはわかるのですが、僕の役割はプロジェクトマネジメントでした。

なので「効率」を優先して、ボトルネックになり得る問題から先に解決しようと考えた。それで最終的には「日付を最初に決めたほうが解決できる問題が明らかに多い」と説得して、リーダーである僕の意見を通したわけです。

後日、飲み会の席で「どうしてあんなに会場にこだわっていたの？」とBさんに聞きました。Bさんのお気に入りのオフィスが取れなかったので、少し不満に思っているように見えました。

すると「以前、私が出たイベントで、内容はよかったのに、きれいな会場じゃなかったせいですごく残念に感じたことがあった。だから私が一番きれいだと思っているオフィスで、どうしても開催したかった」と、自分自身の経験を話してくれました。

それを聞いた僕は、最初のリモート会議のとき、そういう経験が背景にあるとわかっていたら、もっとBさんの考えに配慮して議論を進められたと思い、あまりにも効率を優先して結論を出したことを反省しました。

そこで、僕からリカバリープランを出すことにしました。

「オフィスは違っても会場自体を素敵にすることはできるんじゃない？」と言うと、「確かにそうだね」と同意してくれました。

それで「これで好きなだけデコレートしていいよ。お菓子や飲み物も用意していいよ」と、Bさんに予算を渡したのです。「そういう体験があるなら、きっとゲストへのサービスはあなたのほうが得意だと思う。権限ごと渡すからやってくれる？　ついでに司会もやったらどう？」と。

Bさんはすごく喜んで、それ以降どんどん積極的に動くようになって、おかげでイベントは大成功に終わりました。

あのとき、Bさんには「会場」、僕には「効率」という認知バイアスがありました。それをお互いに排除するような会話ができたことで、お互いを活かし合うことができたというわけです。

「空気を読むと、お互いのユニークネスに気づきにくくなる」

日本は単一的な文化で、個性的な人が少ないと言われますが、当然ながら、みんな個性、ユニークネスをもっています。

共有している文化量が多すぎるので、それに気づきにくいだけだと思います。

言語や生活形式などが違っていたら、お互いのことを知るために意識的にコミュニケーションするしかありません。

そうすると、いろんなユニークネスが言語化されるようになるので、それらがお互いを尊重しながら関係を作っていくきっかけになります。

この点、日本ではコミュニケーションがすごく強引になっていると感じます。

言語や生活形式などの共有を過信していて、「言わなくてもわかるだろう」という思い込みがすごく強いと思います。

実際、「じゃあ、これやっといて」と言うだけで何とかなる。空気を読む的なコミュニケーションが成り立ってしまうわけです。

それがお互いのユニークネスに気づく機会を棄損していると思います。


では、空気を読む的な日本の中で、どうしたらお互いのユニークネスに気づき、成長のスピードを上げていけるようになるのか。

その**第一歩は、やはり、まず自分がユニークな存在であると気づくこと**だと思います。

繰り返しになりますが、誰でも必ずユニークネスをもっています。

序章でも強調したことですが、自分の強みはこれ、譲れない部分はこれ、それをどんどん伸ばしていこうと、勇気をもって空気に流されずに仕事をしていく、生きていく。そのような姿勢が、自分だけの人生を切り開いていく原動力になります。

そういう働き方、生き方に充実感やプライドをもてていたら、必ずや、相手のユニークネスにもちゃんと気づき、協働できるようになっていけるだろうと思います。

第3章

「小さな改善」を積み重ねる

——現状打破の力を磨くために

日々の小さな工夫の積み重ねで、クリティカルシンキングを養う

グーグルには「クリティカルシンキング（critical thinking：批判的思考）」のカルチャーがあります。

それは社員にしても会社にしても、成長し続けるには「改善」が不可欠だからですが、「とにかく何でも全部新しく変えなきゃいけない」「必死に前例を否定しよう」という話ではありません。

着実に「小さな改善」を積み重ねていくために、常に小さな問題点を見つけていく。そういうクリティカルシンキングをすることを重視しているわけです。

第1章で「フィードバックのサイクルをぐるぐる回す」という話をしましたが、そのプロセスで、もらったフィードバックを自分なりに咀嚼《そしゃく》する作業も、一種のクリティカルシンキングです。

クリティカルシンキングがなければ、どんな小さな事柄も改善に結びつけることはできません。

人間が成長するには、いかに日々小さい工夫を積み重ねることをやめないか、という持久走の考え方が必要です。

クリティカルシンキングをすることで必ず何か問題点が見つかります。それを一つ一つ地道に改善していくことが大事です。

なので学生の頃から、日頃のほんの小さいことでいいので、「今までやってきたことを何も考えずに続けていないか？」とか「これは何か自分流に変えられないか？」とか、そんな問いを立てて自分の行動を見直して、少しでも自分自身を改善していくことを心がけると、面接などでアピールできるエピソードが増えていくはずです。

たとえば、通学経路だって、もしかしたら小さな改善を重ねられるかもしれません。

僕の場合は、自転車で通勤しているのですが、オフィスまではいろいろなルート選択が可能です。なるべく人通りの少ない、信号の少ない早くて安全な道を探したいのですが、時間帯によってもコンディションが変わります。いろいろな要素を頭に入れつつ、どのルートが一番都合がいいかなと、毎回新しい道を試して、少しずつ工夫したりなんてことを実際にやっています。

こんな積み重ねだって、立派なクリティカルシンキングの練習になります。

長く仕事を続けるために欠かせない能力

日本はオペレーションが非常に整っている国です。

たとえば東京では、壊れた自販機をほとんど見かけないし、電車もめったに遅れない。他の国ではあり得ないと思います。

でも、そんな快適な仕組みがあるがゆえに、自分が置かれた環境に無自覚でいると、現状を無批判に受け入れるだけの単なるユーザーにとどまってしまいがちです。

それではクリティカルシンキングは養われません。

どんなに仕組みに流されているほうが楽でも、そこには改善の余地があるはずだと、心を強くして疑いの目をもって見てほしい。

こういうクリティカルシンキングの習慣は、学生生活でも社会活動でもビジネスの中でも、本当に活きてきます。

何か問題点を見つけられるのも、見つけた問題点を自分なりの方法で改善していけるのも、長く仕事を続けていくうえでの大事な能力になります。

クリティカルシンキングは、そのベースになる思考法です。

なので、**新卒採用の面接のときにクリティカルシンキングによって、独自の着眼点から物事を改善できたようなエピソードがあると、非常に好感をもたれます。**

たとえば、僕の経験で言うとこんな話です。

大学1年のときに働いていた飲食店で、当時のオーナーたちが売上の低下に頭を悩ませていました。どういうPRをすれば来客が増えるのか、どういうメニューを開発すれば人気が出るのか、といった風にあれこれ議論していた様子でした。

そこで僕は、「そもそも売上を伸ばしたいのか、利益を出したいのかでアプローチは変わるのではないか」と伝えました。そして、バイトの視点から特に気になっていた食品の廃棄量の多さなども指摘したところ、それらも加味したより多様な改善案が出てくるようになりました。

結果的に、少しですが、利益率が上がって仕事も楽になりました。

バイトだから言われたことをやっていればいいという受け身の姿勢ではなく、当事者として主体的にかかわる積極性があるからこそ、問題点を見つけ改善していくというクリティカルシンキングができるわけです。

こういう当事者意識をもった前向きのクリティカルシンキングを企業の採用担当者は評価します。


大学の授業でも、2年生のときのある授業で出された宿題に違和感を感じて、「どうしてこのタイミングでこの宿題を?」と気になって先生に聞きに行ったことがありました。

そうしたら「このあと、こういう宿題を用意している。今回の宿題はその布石。そこに疑問をもった君は、もうやらなくていい。次の宿題をやってきて。それにしてもよく違和感をもったね」と褒めていただいたことがあります。

こういう姿勢で授業に臨むと学びの質は相当上がります。

これも前向きなクリティカルシンキングでしょう。

実際、そのときに先生は「目の前だけに集中せずに、この先に何かあるに違いないと思って、先を読んで逆算的に準備をしようとするのは、大学で教えているクリティカルシンキングの考え方そのものだ」といったことをおっしゃっていました。

ちなみに僕の場合、小さい頃から親に「何で？　何で？」と聞いたり「嫌だ、嫌だ」と反抗したりするタイプだったので、もともとクリティカルシンキング的に考える傾向があったとも言えます。

「確かに生馬の言うとおりだ」と、家の中のルールが変わったこともありました。

その意味では、反抗期がいまだに続いているだけなのかもしれません。

「学ぶ姿勢があれば、この世に失敗は存在しなくなる」

最近、何かすごく整っている強みがないと前に出ちゃいけないと思っている学生が増えていると感じます。

でも強みというのは、まさにその人の個性ですから、そもそも整っている「模範解答」なんて存在するはずがありません。

だからこそ、クリティカルシンキングが重要なのです。

クリティカルシンキングは、自分ならではの強みを育む最適の思考法です。

物事を批判的に考えることで、人はその人ならではのかたちへとどんどん成長していく。

すると、その人の強みは世界中でその人にしか使えない武器、まさにユニークネスになるわけです。

考えてみたら、私たち一人ひとりは生まれたときから、世界で80億分の1というとんでもないユニークネスをもっています。

そういう意味では、みんな唯一無二なかたちでスタートしている。だからまずそこにプライドをもって、どんなに小さな強みだったとしても、それを活かせる場面がないかと自ら探しに行けば、自分の強みを活かせる仕事がきっと見つかります。

失敗を恐れず、どんどんトライしていかないと、強みの切れ味は増さないし、使い方も熟練していかないし、大きくもなっていきません。

エジソンは「私は失敗したことがない。1万通りのうまくいかない方法を見つけただけだ」と言ったそうです。

彼は電球を発明するまで、何でうまくいかないんだろうと考え、これならうまくいくかもと新たな実験にトライし続けた。

常に前向きに仮説・検証、仮説・検証を繰り返したわけです。

よくトライ&エラーと言いますが、失敗しても結局は「何でうまくいかなかったのか」という学びになります。

だとすれば、その時点で失敗ではなくなっているとも言えます。

ですから、何からでも学ぶ意志さえあれば、トライした時点でエラーは存在しないわけです。


要するに、失敗しても落ち込まなくていい、ということです。

それよりも、まず好奇心をもって「へえー、こうするとうまくいかないんだ！」と面白がってほしい。

そうすると、「何でうまくいかなかったんだろう？」という自問自答が前向きなものになります。

失敗すると、「早く忘れたい」となりがちです。

そこを「なるほど、面白い。何でだろう？　次はこうしてみよう！」と、気持ちを先に進めるわけです。

僕も人生で失敗したことがないと思っています。はたから見たら失敗だらけの人生でしょうが、本人はその時々で「なるほど、そうきたか」とワクワクして、たくさん学んできました。

なので、今もあらゆる場面でトライし続けています。

就活にも仕事にもトライ&エラーが付き物

仕事にはトライ&エラーが付き物です。

なので「失敗は学びのチャンス」という姿勢は、どんな会社でも通用します。

当たり前ですが、上司は同じ失敗を繰り返してほしくありません。

だから「何で失敗したの？　次はうまくいきそう？」などと部下に聞きます。

そんなふうに**仮説・検証を繰り返しながらいろんな学びを得て、上司も部下も前に進んでいく**わけです。


ただ、中には失敗したときに感情的に怒る上司もいて、それが部下のトラウマになってしまう場合があります。

これは失敗を忌避するカルチャーの会社だからでしょう。

グーグルは真逆で、失敗を奨励するカルチャーでした。

たとえば、うまくいかなかったことを誰も「フェイリアー（failure：失敗）」とは言わず、「ラーニング・オポチュニティ（learning opportunity：学びの機会）」と言います。

あるいは、失敗したプロジェクトの結果報告でも、うまくいかなかった理由そのものの説明よりも、そこからどういう学びがあったかを説明することが求められます。

人間の強みと同じように企業の強みも、後者のカルチャーのほうが格段に成長することは、言うまでもありません。

就活でも、いきなり第一志望の企業に採用される人はごくわずかでしょう。

僕も新卒の就活では何社も受けて、ようやく採用通知をもらったのがＩＢＭでした。

第一志望だった会社の説明会に行って、「絶対に入りたい」と思ったのですが、一次面接であっさり落ちました。

当時は「人生うまくいかないいな」とかなり落ち込みました。

でもそのあと、自分なりに「何で落ちたんだろう？」ととことん考えて、就活に対する自分の理解や臨み方、姿勢が非常に甘かったと気がつきました。

それ以降、受ける企業をもっと調べるようにして、話すべきエピソードをたくさん用意するようにしました。

すると、最終面接まではいくようになったのですが、それでもなかなか受からない。

そこで「何で最終面接までいくのに落ちるんだろう?」と、周りの人にフィードバックをもらいにいきました。

そういう内省とフィードバックを繰り返したら、最終面接で落ちるのは、取ってつけたような聞こえのいいセリフばかり話しているからだとわかったのです。

なので、自分が本当に腹落ちしているエピソードだけを話して、自分のユニークネスを正直にアピールしようと切り替えました。

就活中にそういう変化、いわば成長があったからこそ、ＩＢＭの最終面接を通過できたのだと思います。

自分なりの意図をもち続けることが、個性を発揮する一番の近道

グーグルでは、日々の改善を後押しする「現状への挑戦」という価値観がカルチャーとして組織内で共有されています。

ただしそれは、ハムスターが回し車を必死で回し続けているような世界観ではありません。もっと温かい世界観です。

前提には「みんなそれぞれにすごく得意なことがある。個人の強みの組み合わせが新しい価値を生む」というポジティブな思想があります。

既存の業務をこなしていくだけなら、個性を発揮する必要はないでしょうが、グーグルはそういう会社ではありません。

今あるものをさらによくしよう、今ないものを生み出そうとしています。

なので、何かの壁を突破しなきゃいけない、そもそも発想から変えなきゃいけない

といったことが必ず起こります。

そういうときには、みんながそれぞれの個性を最大限に発揮して、自分が得意な何かを使って現状を打破しないといけないわけです。

つまり、**グーグル流の「現状への挑戦」は、まず現状に対して「まだいけるはず!」と期待をもち、「あなたなりの方法で前向きに改善していこう」ということ**です。

たとえばグーグルでは、必ず四半期に1回、自分の業務でどういうゴールを目指していくか、上司と話し合って決めます。

「前の四半期どおりでいい」ということはあり得ません。

必ず「もっとよくするには何ができるか」といった話になります。

目標設定のところから、みんな当たり前のように「現状に挑戦する」を実践しているわけです。

現状を少しずつ変える工夫が自己効力感を生む

だからこそグーグルでは、何か一つの仕事を終えたときに「どんな工夫をしたの？」という質問が必ずきます。

今まで10しかできていなかった仕事を寝る時間を削って20できたというのは、全然グーグル流ではありません。

「何かこれまでと違うやり方をしたに違いない」とみんな思っているから、その人なりの工夫を知りたがるわけです。

この問いに答えるべく小さな工夫を積み重ねているうちに、自分にできることがはっきりわかってきます。

自分のユニークネスをちゃんと自覚して、自分の強みを発揮しようという意図をしっかりもつと、「私だったらこうするのに」という自分なりに工夫できるポイントが見えてきます。

小さな工夫を重ねることで現状を少しずつ変えていくことが、その人の強みを成長させ

る——もっている才能の芽を伸ばす——一番の近道です。

しかも、その積み重ねによって得た自信（自己効力感）は、困難にぶつかったときにもあきらめずに現状を打破しようと挑戦し続ける力になってくれます。

特にグーグルでは、今までと少し違ったアプローチやちょっと違う角度からの分析などを提供すると、マネジャー層も同僚もすごく喜んでくれます。

それが企業カルチャーになっているわけです。

ジョブ型の会社なのに部署の垣根を超える異動が結構あるのも、そのおかげでしょう。

僕が人事部門にいたときにも、フレッシュな発想をもたらすことをマネジャー層から期待されて、採用の経験がまったくない人が採用チームに異動してきたことがあります。

もちろん迎え入れる同僚も、新しく入ったメンバーのアイデアを「新しい目線だよね」と、すごくポジティブに共有するわけです。

グーグルの場合、「現状に挑戦する」「個性を発揮する」という二つの思想のかけ算がうまく機能しているという言い方もできると思います。

だからこそ、常に新しいアイデアと新しいアイデアが柔軟に混ざり合って、毎日のように新しいソリューション（解決策）が生み出されているのです。

「10倍よくするにはどうすればいいか」を考える

グーグルには「10X《テンエックス》（10倍の成果を目指す）」というゴール設定の合言葉があります。

何か新しい目標を立てるときに、「10倍よくするにはどうしたらいいか」と考えようという心がけを指していて、必ずしも「実際に10倍の成果を目指しなければならない」と言う意味ではありません。

これは「自分なりの方法で現状を改善していく」という日々の意識づけであり、行動の先にある大きな目標とも言えます。

たとえば、人事部門の僕は10X的な目標として、「今まで採用したことがない大学から採用しよう」「内定を出した人の辞退ケースをゼロにしよう」という二つのチャレンジをしました。

小さな改善を積み重ねるのは、誰にも正解がわからないカオスの中に正解を打ち立てるためです。

そういう最終的なゴールを見ないで、ただ目の前のことをやるだけになったら、モチベーションは維持できません。

なので**グーグルは、遊び心も交えて楽しく目指しがいのある大きな目標を立てることを重視する。それが10X**というわけです。


単純に数字で言うと、僕の場合、「毎年20人の新卒採用を来年は200人にする」がわかりやすい10X的な計算になります。

これはかなり非現実的なゴールですが、そのためにどうするのかと思考実験的に考えることによって、画期的なアイデアを生み出すという意図も10Xにはあります。

小さな改善を積み重ねることは大事です。

と同時に、その先に何を目指すのか、何のために小さい改善を積み重ねるのか、そういう10X的な思考の習慣を身につけてほしいと思います。

モチベーションを維持できるし、劇的に違う観点から改善点を見つけられるようにもなるはずです。

さっき紹介した僕の目標「今まで採用したことがない大学からの採用」と「内定辞退ゼロ」は、人事業界の常識からしたらあり得ない目標です。

前者は「今まで採用したことがない大学」という条件がかなり突飛で、わざわざ限定する必然性はありません。

でも、あえて高いハードルを設定することによって、全然違うアプローチを考えてそれを実行したわけです。

後者も同じで、どんな企業でも辞退ゼロは無理なのですが、あえてそれをゴールにすることで、どんどん新しいやり方にチャレンジできました。

10Xのような大きな目標は好奇心がないと立てられません。

さらにゴールから逆算的に思考する洞察力も必要です。

逆に言うと、10Xを心がけることによって好奇心と洞察力が磨かれます。だからこそ自分自身が想像しなかった新しいアイデアにたどり着けるのです。

ちなみにグーグルに入る前の僕は、せいぜい2X、3Xどまりでした。

現状を改善したい、自分のユニークネスを活かしたいという思いは強かったし、自分なりに一生懸命やってきたつもりですが、10Xほど大きな目標を立てることはありませんでした。

ただ、グーグルに入って10Xにすごく共感できました。

それは昔から「絶対に今よりもよくできるでしょ」というポジティブな角度から物事を見る習慣があったからだと思います。

グーグルが成長し続けられている大きな要因

参考までに、僕がグーグルに在籍した6年間、ひたすら「今まで採用したことがない大学からの採用」に取り組んだ成果を紹介しておきましょう。

僕が入社したとき、新卒採用は過去に採用したことがある大学の学生が100%でした。

そうなっていたのは、先輩、後輩のつながりで就活する学生が多く、社員の多い大学は自然と応募人数が多くなり、採用人数も多くなるという単純な理由によります。

しかし、そういう構造が続いている限り、応募人数が少ない大学から採用できないのはある意味当然でしょう。

しかも東京、大阪、名古屋という大都市圏の有名大学がほとんど。地方は旧帝大だけという感じでした。

一方で、グーグルには「ダイバーシティ&インクルージョン(D&I:多様性と包括性)」のカルチャーがあります。

なので、面接をしてくれる人事以外の部門のマネジャーから「3人連続、東京のA大学の学生だけど、それ以外の大学にちゃんとアプローチしているの?」と指摘をもらったりしていました。

そこで僕が6年間、その改善に取り組んだわけです。

最終的に採ったことがない大学10校ほどから採用することができて、大都市圏外からの採用も40%に増やすことができました。

「今まで採用したことがない大学からの採用」には、こうしたダイバーシティ以外にも、僕の中では別の狙いがありました。

グーグルはビジネスにおけるブランド力は非常に強いのですが、じつは新卒採用における雇用主としてのブランド力はそれほど強くないと分析しました。

つまり、中途採用なら誰もが入りたいと思ってくれるのですが、新卒採用市場の就活生は「エンジニアしか採用しないんじゃないの?」とか「新卒採用はしていないんじゃないの?」という程度の理解しかもってもらえていませんでした。

要は、新卒採用の入り口がちゃんと開いていないわけです。

なので、採用実績のない大学にアプローチをすることで、新卒採用をしていることを広く発信して、就活でのブランド力を強めていこうとしました。

グーグルは日本企業に比べて、フットワークが軽く、新卒採用と中途採用の人数比が状況によってどんどん変わる会社です。

とはいえ、僕がいた頃は「新卒採用はもうやめよう」という話になったことは一度もありませんでした。

だからこそ、プラスアルファで前に進んでいくことが求められました。

そのためには、現状を新しい切り口から見て、考える必要があったわけです。

ユーザーにとってさらに明るい未来はどんなものか。そのためにさらに自分たちができることがあるんじゃないか。これがグーグルの全社員がもっと言っていい思考の習慣です。

目の前にある課題を解決するのは簡単な話です。「さっさとやりましょう」で終わってしまいます。

でも今、顕在化していない課題を見つけて解決しようとするカルチャーをもっているのがグーグルという会社です。

これこそが、グーグルが誇る競争力の源泉であり、今も成長し続けられている大きな要因だと思います。

僕の中にもそういうマインドが染みついています。

だからクリティカルシンキングを駆使して、現状を打破しているような学生に出会うと、すごくワクワクするのです。

第4章

「個」と「チームワーク」を両立させる

——独自性を活かすために

チームワークの出発点は「他者との違い」の確認から

ここまで、「自分の強みを発揮する」ことの重要性を強調してきました。

ただし、自分一人で全部やりきろうとする必要はありません。序章で『チームワーカー』は世界基準の採用要件」とお話ししたとおり、自分の強みを「チームの中で」発揮しようと意識することも同様に大切です。

自分の強みを最大限に発揮したところで、自分一人で成し遂げられることなんて、世の中にはほとんどありません。

チームスポーツやグループワークの経験がある人、あるいは何かで無力感なり挫折感なりを味わったことがある人なら、わざわざ言われなくても実感していることだと思います。

そこで本章では、「個（自分の強み）」と「チームワーク」を両立させるためのコツについてお話ししていきます。

「自信のない自分だからできること」もある

まず前提として、誰にでも自分にできないことがたくさんあるし、自分以上にできる人もたくさんいます。

ただ同時に、自分のほうができることもあるはずです。

そんな「他者との違い」を深く感じることが、チームワークの出発点になります。

ここで思い出してほしいのが、第2章でした「他者との違いを通して自己を知る」の話です。

他者のユニークネスに注目し、相手の立場から物事を見る習慣が身についていれば、初めて参加したチームにもスムーズに溶け込んでいくことができるはずです。

もちろん、最初からすべてがうまくいくとは限りませんし、失敗は誰しもするものですから、失敗は若いうちにたくさんしておいたほうが得です。

規模の大小を問わず、チームで何かをやるという機会に積極的に飛び込んで、失敗でも成功でもチームワークの経験を一つでも多く蓄積することがすごく大事になります。

そうやって、チームで動いて成果を目指すダイナミズムを経験できたら、「何でうまくいったのか」「何でうまくいかなかったのか」を考えてみてください。

そうすれば、自分の強みを発見するいい機会にもなり、就活に使えるよいエピソードにもなると思います。

大切なのは、「自分の強み」が明確になってからチームに加わろうと考えるのではなく、チームに加わってから「自分の強み」を明確にしていこうという姿勢で臨むことです。

序章から「自分の強み」の重要性を強調してきましたが、必ずしも「自分の強み」に自信がもてなくてもまったく問題ありません。

それどころか、自分の強みに自信がもてない人ほどチームワーカーに向いているとさえ言えるくらいですから、心配はいりません。

自信は、他者のフィードバックも参考にしながら、チームワークを通して築いていけば

いいのです。

僕も、もともとは自信のない人間でした。

どちらかというと「自分一人では何もできないから、人の力を借りないといけない」と思っていました。

そういう自信のなさゆえに、僕のチームワークスピリットは磨かれたと思っています。

同時に、チームの中でみんなに助けてもらいつつ、自分も何か恩返ししたいと繰り返し努力することで、いつの間にか自分ができることも増えていきました。

たとえば僕の場合は、人前でアドリブを交えて話す経験を何度か重ねるうちに、自分はそれが得意かもしれないと思うようになりました。

なので、特に高校以降は、その時々のチームの中で発表者を決めるというときに、いつも自ら手を挙げるようにしてきました。

それをずっと繰り返すことで、人前で話すことが自分の強みだと自信をもてるようになりました。

「自分も周りの人を助けたい」「何かチームに貢献したい」と、その時々でやれそうなところから手当たり次第にいろいろやってきた結果、だんだん自分の強みが見えてきて、少しずつ自信をもてるようになっていったわけです。

自分のためだけに努力するよりも、チームのために努力するほうが持続力も成長スピードも勝るというのが僕の実感です。

「誰かの力を必要とした経験」自体が財産になる

チームを一つにまとめるために、「共通目標を設定しよう」「ミッション・ビジョン・バリューを作ろう」「上司と1対1で会話する1on1をやろう」など、いろいろなことが語られています。

ただ、それらはあくまでも方法論の話です。

それよりも、**まずチームワークのために大事なのは、チームの中にいる人間同士が同僚という関係を超えて、人として知り合い、理解を深め合い、何かしらの観点でのリスペクトをちゃんとお互い共有していること。いわば、同僚が存在していることにすら感謝できるような状況を作っていくこと**です。

同僚に自分から手を差し伸べていれば、必ず自分に返ってくる。

そこからお互いへの感謝、尊敬が育まれてくる。

それでチームの結束力が強くなり、ソリューションが豊かなものになっていく。

すると個人としてもチームとしてもパフォーマンスが向上していく。

そういう、いわばらせん状のポジティブなサイクルを作っていけるのが、理想的なチームワークです。


実際、グーグルのチームの中にいたとき、僕は「自分が何か困ったときには同僚が必ず助けてくれる」という感覚をずっともっていました。

もちろん、実際に助けてもらった経験もたくさんあり、助けてくれた人たちに「何でそういうふうに動けるの？」と尋ねてみたことがあります。

すると、ほとんどの人が「自分も同じように、別の人から助けてもらった経験があるから」と答えました。

グーグルで、「昔あなたに助けてもらって、すごく感謝しているから、今回は私の番だよ」という感謝の直接の受け渡し以外にも、「第三者にしてもらったことへの感謝を自分の中で大事にしているだけだよ」と、感謝がちゃんと間接的に広がっていくということを実感できたのは、とても貴重な体験でした。

要するに、**自分が助けてほしいと思うのであれば、それよりも前にどんどん自分が助ける。それが助け合いのサイクルを作るということ**です。

だから最初にギブの精神。フィードバックに関して「ギブが大事だ」とお話ししたのと同様です。

ただし僕の場合、最初から「ギブの精神」をもち合わせていたわけではありませんでした。

じつは先にもらっている「ギブ」があった

僕のチームワークにまつわる原体験――つまり、周りからの「ギブ」に気づき感謝できるようになったの――は、高校生になる前、もっと小さい頃にさかのぼります。

きっかけはスポーツでした。ただチーム競技ではなく、個人競技のアルペンスキーです。

僕が一番長く取り組んだスポーツはスキーで、それなりに大会で結果も出して、まじめに競技選手をやっていました。

スキー競技は、いざスタートを切ると1分近く一人で滑ってゴールを目指します。気づいたら終わっていたというほど短い時間ではなく、いろいろ考えながら滑るので孤独感が強いとも言えます。

レースでは頼れるのは自分しかいない、自分でやるしかない。それが本番ですから、日頃の練習も独りよがりになりがちでした。

僕もタイムが伸びずモチベーションが下がった時期には、「あんな雪の斜面を滑り降りて何が楽しいんだろう」などと自分一人で悩みました。

ただ、悩んでいる最中、毎日練習に行くときにスキー場まで送り迎えをしてくれる家族の存在や、滑り終わるたびに「今のは3本目のポールで足を取られたね。次はここに気をつけて」などと、下でずっと待っていてアドバイスをくれるコーチの存在にあらためて気づいた瞬間がありました。

そのとき、僕は周りからもらっていた「ギブ」の存在に気づいたわけです。

それまでの僕は、自分の周りにいる自分を見守ってくれている人たちと一緒にレースを戦っているという意識がまったくありませんでした。

でも、そこでいろんな支援があることを肌身で感じて、自分勝手な練習態度を反省したわけです。

そうしたらレース中の嫌な孤独感もいつの間にか消えました。

それからです。僕が周りのみんなへの「ギブ」を意識するようになったのは。

以降は、学校のクラスでも会社のチームでも、思わぬところでいろんなことが起きているはずだと目を光らせるようになりました。

それで、たとえば「今回のプレゼンがうまくいったのは、裏で○○さんが○○を準備してくれたからだよ」などと、誰も気づかないようなある人のチームに対する支援を積極的にピックアップしてみんなに共有したりするわけです。

何か別のチーム競技をやっていたら、逆にチームというものに関する意識は浅いものになっていたかもしれません。

個人競技のスキーだからこそ、人の支援に感謝する心やそれに気づくことの大切さを痛感できた面もあると思います。

ちょっとした「ギブ」が幸運を運んできてくれた

逆に、自分からちょっとした「ギブ」をすることで、大きな「ギブ」を得た成功体験もあります。

僕が大学時代に卒業論文を書いていたときのエピソードです。

卒論をグループで研究してまとめるやり方もありますが、多くの人は個人でテーマを選んで、一人で調べて考えて書きます。

僕の卒論もそうで、ずっと孤独なワークを続けていました。でもあるとき、僕と同じように孤独を感じている友人と「卒論で孤独な人たちを集めて、全然違うテーマでも一緒に作業したらいいんじゃないか」という話になりました。

そこで、僕は率先して動くことにしたのです。

もちろん「自分のため」でもありましたが、それに加えて、少しでも「みんなのため」になればという思いもあり、実際に図書館の一角を借りて、意見交換する必要もないのにあえて集まる場を設けました。

参加者には、その場をただ楽しんでもらえればいいし、卒論の新しいヒントが得られるなど、みんなのいい刺激になるかもしれないと思ったわけです。


少なくとも僕にとっては、この「卒論孤独会」は非常に有益でした。

僕の卒論のテーマはイスラム圏の金融の仕組みでした。

なので、金融の本ばかり読んでいました。でも当然ながら、イスラム圏の金融には宗教がすごく深く絡んでいます。

僕には文化人類学的な勉強が抜けていました。

ただラッキーなことに、卒論孤独会にイスラム圏の文化を研究している人がいて、「これなら私のほうが詳しいかも」と、すごくいい意見をもらえました。

そのおかげで卒論の出来が格段によくなったのです。

もちろん、いつもそんなセレンディピティ（幸運な偶然）に出会えるとは限らないのですが、これは、「ちょっとした『ギブ』が幸運を運んできてくる」と僕に思わせてくれたとても思い出深い体験でした。

「リーダーの経験はチームワーカーになる重要なトレーニング」

就活の面接で「チームで動いた経験ありますか？」というのは一般的な質問です。**どの企業も組織で動いていますから、当然ながら「他者との共同作業がスムーズにできるか」を知りたい**わけです。

序章でも少し触れましたが、僕の場合、大学時代に寮長をやっていたので、就活でチームワークにまつわる質問が出たときには、寮のエピソードを交えて答えていました。

学生が自治的に運営する寮だったので、日常生活に付随する複雑で個人的な問題を処理する経験をたくさんしました。

要は、それらのエピソードから、チームをひっぱるリーダーの経験がありますよ、というアピールをしようとしていたわけです。

「リーダー＝チームワーカー」とは限らない

ただ今となってみれば、当時は失敗と思っていたこと（就活の面接ではアピールしなかったこと）からも、たくさんの学びを得られたように思います。

たとえば、僕は結構きれい好きで自分の部屋は片づけていたのですが、散らかす人もいて、寮全体としてはあまりきれいとは言えない環境でした。

そこに、僕はずっとストレスを感じていました。

なので、寮長になって意識改革的なことをやろうと考えました。

当時の僕がやったのは、まずルールの明確化です。単純にルールを設定して履行させればいいと考えていたのです。

でも、あまりうまくいきませんでした。

同じ学生時代の活動でも、たとえばゼミなどの課題に臨むために組んだチームであれば、それぞれが課題解決に貢献する部分さえ理解し合えれば何とかなると思います。利害が一致しているからやりやすいとも言えます。

でも寮は、個々人の生活そのものの集合体です。利害関係もはっきりしていないし、だらだら生活したいとか、しゃきしゃき生活したいとか、個人差がありすぎてお互いを理解しきれないわけです。

結局、僕が決めたルールに乗ってくれる人もいたけれども、乗ってくれない人もいて、寮は汚いままでした。

今思うと、チームワークを理解していなかったのだと思います。

寮に限らず、チームに参加する一人ひとりに、強みや弱み、苦手なこと、得意なことなど、いろいろな思いを抱えています。

それらをくみ取ることができて初めて、チームワークは可能になります。

しかし、人それぞれに強い個性があり、思いがあるということにまで、当時の僕は思いが及んでいませんでした。

そもそも、チームワークには共通の目標が必要ですが、それさえもあいまいでした。

もちろん、「寮をきれいにしたい」という目標は掲げていましたが、そこにみんなの共感があったとは言えません。

つまり、**一見みんなのための目標のようでありながら、じつのところは僕のエゴの押しつけでしかなかった**わけです。

それをみんなに見透かされていたようにも思います。

それぞれの人が抱える思いを無視して、みんなの行動をルールで変えられると思った僕は、だいぶ傲慢《ごうまん》なリーダーだったと言えます。

振り返ってみて、この経験は僕にとって、チームワーカーになるためのとても重要なトレーニングだったように思います。

要は、「リーダー＝チームワーカー」とは限らないということ。

チームワーカーでもある真のリーダーになるには、独りよがりにならない姿勢が欠かせないということを、僕は学んだのです。

チームの力を最大化するために欠かせない姿勢

もちろん、独りよがりでない姿勢は、リーダーだけに求められるものではありません。

チームに参画するメンバーにもそういうマインドがないと、お互いの努力や貢献、意図などに気づくことができず、チームの力を最大化することができません。

たとえば、チームの中でいつも全然しゃべらない人が突然手を挙げて意見を言ったら、その背景には何らかの理由があるはずです。

そのときにその人に寄り添って、「なぜ急に発言したのか、どういう理由からそういう行動を取っているのか」を探りにいく。そのような姿勢が大事になります。

あるいはチームの会議で、プレゼンター役、まとめ資料を作る役、議事を進行する役を決めるというときに、毎回資料作りに手を挙げる人がいたとします。

そのときに、何となくお願いするのではなく、「何で資料作りをやりたいの？」と聞くことで、その人の意図が見えてきます。

シンプルに資料を作るのが好きだからなのか、それとも、人前に出るのが苦手だからなのか。

そういうアピールが苦手な人の意図を知ることで、その人の陰なる努力や貢献にも気づけるようになります。

どんなに能力の高い人が集まっていても、それぞれが独りよがりに行動していては、いずれチームが空中分解してしまいます。

だからこそ、**グーグルのような世界的企業では、すごく個性的である以前に、まずはチームワーカーであることを求めている**のです。

チームリーダーでなくても、リーダーシップは養える

前節でリーダーの経験を通してチームワークを学んだ話をしましたが、リーダーを引き受けるとたくさんの貴重な経験を積むことができます。

なので、機会があったらリーダー役はぜひやってみたほうがいい。

チームをリードすることで、よく見えてくる景色や磨かれる意識は確かに存在します。

でも、**絶対にリーダーを経験しなくてはならないかというと、そうではありません。**

チームワークの良し悪しを左右する要素には、リーダーシップとフォロワーシップがあります。

序章でも触れましたが、**チームがゴールに向かって前に進むためには、リーダーの導**

きとメンバーの支援、その両方が必要です。

なのに、「リーダー論」は巷《ちまた》にあふれているものの、「メンバー論」はあまり語られません。

その影響もあるからでしょうか、就活に取り組む際に「チームワークと言われても、自分はリーダーの経験がないから何を話したらいいか」と悩む学生が結構います。

ところがそのような学生ほど、フォロワーシップという強みをもっていることがよくあります。

リーダーシップとフォロワーシップは表裏一体

フォロワーシップは、ともすれば「リーダーのあとにくっついていく」というイメージで捉えがちですが、本来求められるのは「チームの動きを加速する役割」です。

その意味では、リーダーシップとフォロワーシップはコインの裏表と言えるでしょう。

僕の場合、チームワーク関連のエピソードとして、大学時代に入っていたソフトボール部の話も用意していました。

僕はソフトボール未経験だったので下手だったし、ずっと平部員でした。

そんな中でも「自分ができることは何か」と考え、とにかく元気に挨拶《あいさつ》して、練習中もめちゃくちゃ声を出して、みんなが練習に来るのが楽しくなる雰囲気作りや、みんなの気分が落ちないような工夫をしました。

いくらキャプテンが「次の試合は勝つぞ」と気合いを入れて、練習量を増やそうとしても、部員たちに「頑張ろう」という気持ちがなければ、なかなかレベルが上がらないわけです。

そういうときに、元気で楽しい雰囲気のほうが頑張れると思い、一生懸命にそういう空気感を作ろうと努めていました。

リーダーが厳しくする一方で、フォロワーが楽しくする。どちらも次の試合に勝つというゴールを目指した行動です。

コインの裏表というリーダーシップとフォロワーシップの関係性を示すとてもわか

りやすい例だと思います。

ただし、リーダーであることと、リーダーシップを発揮することは、同じではありません。

ここでいうリーダーシップとは、チームの成果に対して責任感をもち、「チームの中で自分の強みと他の人の強みをどう活かすか」を自ら考え、積極的に貢献しようとする姿勢のことです。

リーダーシップに肩書きは不要です。

積極的にそのチームにかかわって貢献しようとしているのであれば、肩書きはどうであれ、その経験によってリーダーシップがリーダーと同じように養われていきます。

リーダーの肩書きがないとできないことを上げるとしたら、ただ一つ「決断」だと思います。メンバーはチーム全体の動きの最終決定者にはなれません。

たとえば、チームの今年の目標を決める会議で、みんながいろんなアイデアを出して議論して、最後に「これでいくぞ」と言うのはリーダーです。

そういう民主的に決まったチームのゴールを目指して、メンバーの先頭に立って走っていくのが、真のリーダーだと思います。

それに、チームのためにしっかり動くフォロワーシップを発揮していると、いつか必ず「リーダーをやってほしい」と頼まれるはずです。

ゴールに向かう推進力になっている人は、チームにとって重要性が高いのだから、重要ポストにつくのは自然の摂理です。

そういう意味では、フォロワーシップもリーダーシップの一種と考えてもいいのかもしれません。

チームに貢献する愚直な努力の積み重ねは自分自身を成長させるし、周りからもちゃんと評価されます。

つまり、**フォロワーとしてチームのために動くことは、リーダーシップを磨くことに直結している**のです。

グーグルでは「エクストラマイル」が評価される

グーグルでは「エクストラマイル」がとても評価されます。エクストラは「余分」とか「余計」とか「追加」といった意味で、マイルは距離の単位です。

要は、誰かのためにとか会社が目指すゴールのためにとか、本来はやらなくてもいいところまで追加の一歩を踏み出して、支援をすることを奨励するカルチャーです。

だから、グーグルにはすごく強い個性の人たちが集まっていますが、自分の仕事だけやって「はい、終わり」とはなりません。

あらゆる場面でお互いの助け合いが発生します。

このエクストラマイルは、まさに前節でお話ししたフォロワーシップ的な動きと言えますし、繰り返し述べている「ギブの精神」とも重なります。

つまり**大事なのは、チームのためにとかチームメイトのためにとか、自分の強みを活かして、あと一歩、あと二歩、自分ができることは何なんだろうと考えて動くこと**です。

ただ、これをチームの中の一人だけがやっていたら、その人は本当に苦労するし、すり減ってしまうでしょう。

メンバー全員がエクストラマイルのマインド、ギブの精神をもつからこそ、チームは理想の状態に近づけるし、チームワークも発揮できるわけです。

そういうチームの一員になったほうが、働きがいがあるに決まっています。

なので、学生時代からギブの精神をぜひ標準装備してほしいと思います。

ダイバーシティから価値を生み出すために必要なもの

グーグルの社員たちはそれぞれが何かのエキスパートであると同時に、チームワーカーでもあります。

そのような人材が集まり、異なる個人の強みをうまく組み合わせているからこそ、時代の要請に応えるような革新的ソリューションを生み出すことができているのでしょう。

グーグルにとっても、グローバルにビジネスを展開するうえで、人材のダイバーシティ（多様性）は重要です。

たとえば「グーグルマップ（Google MAP）」。アイデア自体とても革新的だったのですが、開発当初は世界中の人が同じように使える状態ではありませんでした。たとえばアメリカのカリフォルニアなどの主要道路は片側6車線ぐらいあってすごく広い。それを前提にした設計になっていたため、一般車では通れないような狭い幅の道路についての想定などが甘かったようです。

そのため日本では、自転車でしか通れない道に車が案内されるような事故が多発しました。そういうことが起こって、初めて道路にはいろんな広さがあると気づいた。おそらくグーグルマップの初期の開発チームには、日本出身者がいなかったのだと思います。

このグーグルマップのスタート時の失敗が「世界レベルにビジネスを広げていくなら、いろんな人たちをチームに入れなきゃダメだ」というよい教訓になりました。

ある属性の人たちの常識にのっとって最適のモノやサービスを作っても、それはグローバルには広がらないし、革新的なソリューションとは言えません。
だからこそ、グーグルはダイバーシティを重視しているわけです。

そして、**そのようなダイバーシティの環境下での円滑なチームワークを可能にしているのが、ほかでもないエクストラマイルの精神です。**

グーグルでは、自分の仕事が終わったら、自然に「何か手伝うことある？」とお互いに声をかけ合っていました。

チームの中で自分の強みを十分に発揮できると、時間的な余裕や気持ちの余裕が出てきます。

だからこそエクストラマイルができるという言い方もできますが、お互いどういうことが得意かわかっているので、非常に助けを求めやすいわけです。

すると当然、手伝いのクオリティは高い。

僕も何度も助けたし助けられました。それが当たり前の素敵な環境でした。

グーグルの組織としての強さの根底には、そのようなチームワークが存在していたのです。

チームの中で揉まれることで、個性はより一層強化される

本章の最後に、チームワーカーであること——すなわち、「個」と「チームワーク」を両立させられる人であること——の個人にとっての直接的なメリットを確認しておきましょう。

それは、チームの中で揉まれることで個性がより一層強化されるということにつきます。

何よりも、**チームワーカーであれば、メンバーからのフィードバックが得やすくなります。**

フィードバックの重要性は第1章でお話ししたとおりですが、メンバーとの協力関係の中で切磋琢磨したほうが自分の強みに磨きをかけやすいのです。

また、**「ギブの精神」を発揮する際には、できるだけ「自分の強み」を活かしたギブを考えてみてください。**

そのほうが、チームに貢献しやすく、評価や感謝を得やすいですし、何より自分の強みを発揮する場数が増えて、個性の強化につながります。

時には、メンバーと成果を競い合う中で思いが空回りして、「私なんか何の役にも立てていない……」と尻込みしたり、「私は何の役に立っているんだろう？」と悩んだりすることも出てくるかもしれません。

でも、そんなもやもやが生じるのも、チームの中にいればこそ。

そのようなときこそ、「チームへの貢献」というチームワーカーの視点に立ち戻り、周りからのフィードバックを得ながら「自分にしかできないことがないか」と探してみてください。

チームのために動くことで、自分自身のもやもやを晴らすことができれば、その努力はチームの成果というかたちで結実します。

つまり、努力が必ず評価され、メンバーから感謝もされるということです。

そうして、**自分の強みに磨きをかけていけば、いつか必ず自分自身が「強い個」に進化していくはずです。**

そうなれば、「私はこんな自分の強みを活かしてこんなことをしてきました」とアピールできるようになります。

つまり、転職活動をしたり、社内の異動願いを出したりして、自分が望むチームに参画することで、積極的にキャリアアップを図ることができるようになるということです。

じつは就活も同じです。

学生時代に所属する何らかのチームの中で自分の強み見つけて、それを磨き、それを活かしてチームに貢献する。その過程で、自分の個性に自信がもてるようになります。

そういうポジティブなユニークネスを、エピソードを交えながら、しっかりアピールすることが重要です。

「チームの後押しを得ながら磨いた私の強みはこれです」と自信をもって言えるようになれば、就活は必ずうまくいきます。

第5章

「正しいこと」を行う

——世界で通用する人材になるために

その人の倫理観は働く姿に表れる

グーグルで大切にされていた素養の一つに「正しいことができる人」がありました。

言い換えれば、「倫理観をもっている人」です。

倫理観と言っても何も大げさな話ではありません。

ここで言う倫理観とは、一言で言えば「自分を律する」ということ。

たとえば、仕事上のパフォーマンスを維持するために常に自らの健康に気を遣うというのも、社会への貢献を考えた倫理的な行動と言えます。

自分が受けた仕事に対して責任感をもって、しっかりと全うするまじめさも、同様です。

つまり、**自ら人間関係の中で信頼に値する行動を取り続けようとすることが倫理的な行動です。**

僕はグーグルでチームリーダー数人に「どういう人間でチームを固めたいか？」と聞いてみたことがあります。

声をそろえて最初に出てきたのが、やはり「倫理観」でした。

スキルがある人、頭がいい人、英語が上手な人はいくらでもいます。

けれども結局、そういう事柄以前に「人間性そのものが信頼できるかどうか」が一番大事だ、というわけです。

たとえば、自分の掲げている目標達成が困難になるとしても、倫理的に正しい方向へ決断ができるかどうか。また、正しいこととは何なのか、それを考えられる人がいい、と。

それは、私たちが「答えのない中でどういう答えを出していくか」と問われているカオスの時代を生きているからにほかなりません。

たとえば、数学的な問題であれば、論理的に正しい順序で適切に計算していけば唯一の答えにいずれ着地します。そういう問題には倫理観は関係ありません。

でも、答えが何になるかわからない問題では、「出てきた答えが正しいものだ」と主張し納得されなければ解決になりません。

と同時に、論理の組み立て方次第で、どんなものでも「これが答えですよ」と、陰謀論のようなことも言えてしまう。

つまり、カオスは、そういうすごく危ない可能性をはらんでいるわけです。

そういう中でも、正しい倫理観をもって「これが世のため、人のためになるものだ」ということをしっかりと考え選べるかどうか。

カオスの時代を生きる人間には、数学的な問題が解ける賢さよりも、そういう倫理観こそが不可欠な素養なのです。

「どんなこだわりをもって働きたいか」を考える

もちろん、倫理観はただ知識を詰め込んでも磨かれません。いろんな人たちと触れ合うことで磨かれるものです。

特に働く姿には、その人の倫理観が出ると思います。

「この人はとにかく結果さえ出れば何でもいいって強引にやるタイプなんだな」とか「この人は信念に基づいて動いているタイプなんだな」とか、そういういろんな違いが見えてきます。

たとえば、僕がグーグルにいた当時、グーグルジャパンの食堂で働いていた方がとても印象的で、今でも覚えています。

食堂でランチやディナーの料理を並べたり食器を片づけたりするのが仕事で、ランチタイムには社員たちでごった返しますが、その方は「今日はどう？　元気？」「髪切った？」などとどんどん声をかける。食べ終わった人から食器を受け取るときには、必ずみんなに「ありがとう、Have a nice day!」と。

いつもすごく元気はつらつと働く彼の姿からは、「食堂に来た人たちに少しでも元気になって、また仕事に戻ってもらおう」というホスピタリティの精神がとても感じられました。

彼のことはグーグルの社員全員が知っていましたし、僕も彼が大好きで、彼の働く姿に俗に言う「プロ意識」のようなものを感じていました。

ぜひ身近なところにイキイキと働いている人はいないか、探してみてください。

もちろん、いわゆるOB・OG訪問をして、先輩たちに会って話を聞いてみてもいいでしょう。

そうして、いろんな人の働く姿を見聞きして、自分の中で働き方のイメージ——どんな信念やこだわりをもって働きたいか——を膨らませていってください。

同じ仕事でも、その人の捉え方や取り組み方によって、すごく表現の仕方が変わります。なので、就活で先輩たちと話すときには、仕事内容を聞くだけでなく、ぜひ「仕事をするうえで大切にしていることはありますか」と聞いてみてください。

きっと、自分なりの働き方を考える際のヒントが得られるはずです。

「何がなぜ重要なのか」語れる力を養う

では、採用面接のときに、面接官はどのようにして倫理観の有無を確認しているのでしょうか。

もちろん、「どういう倫理観をもって仕事をしますか？」などと直接的な聞き方をするわけではありません。

倫理観に関する質問は、たとえば「多少ルールを破れば物事を前に進められそうなとき、あなたならどういう行動を取りますか？」といった聞き方になります。

他にも「チームのためと自分のためとの間でバランスを取らなきゃいけなかったような経験はありますか？」「チームのために自分が犠牲にならざるを得なかった経験はありますか？」「チームを脇に置いて、自分を前面に出した経験はありますか？」「全然何も整っていない状態から自分で物事を進めた経験はありますか？」といった質問が考えられます。

そこに正しい答えがあるわけではありません。

「チームを優先したから○、自分を優先したから×」ではなくて、**面接官は、その人の考え方や行動から見えてくる「自律の心、約束を守ろうとする姿勢、感情に流されない意思決定」といった要素について評価する**わけです。

もちろん、正しい答えがないからといって、自分が感情的に正しいと思うことを話せばいいということではありません。

そのとき何が重要かを判断したことについて、しっかりと理由つきで説明することができる。そういうクールさが大事です。

たとえば、全然何も整っていない状態から自分で物事を進めた経験を通して、その人がどうやって物事を整理整頓して組み立てて、どういう優先順位をつけて進めたかを話してもらう。

そうすると、その人が何を重視しているかがすごく見えてきます。

新卒採用では、チームスポーツの部活をやっていた学生に「チームが勝てなかった時期、何を思ってどういう行動を取りましたか？」と聞いたりします。すると、たとえば、その人に、チーム全体が腐っている中でも腐らず、チームのために自分ができることは何なんだろうと考え、やり続けるハートのスタミナがあるかどうかが見えてきます。

自分の進むスピードが遅くなったとしても、チームのメンバーをケアするような行動ができるかどうかは重要な評価ポイントです。

たとえば、「自分の目標達成がある程度見えていたので、チームの中で進みの遅い人が上向きになるように知識の共有をして、チーム全体の目標達成に貢献しました」というふうな話を聞くと、面接官は「この人は状況も正確に認知できていて、余力を活用して、チーム全体の進捗を進めていくことができるチームワーカーでもある」とか「俯瞰《ふかん》した視野から正しい意思決定ができている」などと思うでしょう。

ただし、だからといって、自分を優先してはいけない、というわけではありません。

そうした場合も、**こういう理由で自分を優先したほうがチームのためになると思ったと、面接官が納得できる説明ができれば高く評価されます。**

面接の質問に模範解答は存在しない

就活ではこれまでのいろいろな経験を振り返ることになります。

それが就活そのものと言ってもいいかもしれません。

その際は、自分自身がやってしまった失敗でも成功でも、まずそれを正面から見つめて正直に評価する勇気を、ぜひもってほしいと思います。

たとえば、採用面接では「学生時代に頑張ったことは何ですか？」と必ず聞かれます。

そういう質問に対して「自分はこういう考え方でこういうことをやった。うまくいったところはこうで、うまくいかなかったことはこうだった」と、率直に答えられるようにしっかり準備しておいてください。

「面接でアピールできるような特別な経験なんてないよ」などと落ち込む必要は全然ありません。

自分自身の過去に真正面から向き合って、そのときの意思決定が自分らしいものだったか、その結果得られたものは何かといったことを、ちゃんと説明できるようにすることが大事です。

そして、**失敗であるか成功であるかにかかわらず、事細かな内容よりもその経験から得た「学び」のほうをしっかりアピールしてほしい**と思います。

これはすでに序章で強調したポイントですが、だからこそ自分の経験を振り返るときには、ちゃんと正直に正面から向き合って、よかったこと、悪かったことを自分の中でしっかりと咀嚼《そしゃく》する必要があるとも言えます。

いざ振り返ってみると、うまくいかなかったことのほうがはるかに多いと思います。

でも、とにかくあきらめずに、逃げずにやりきっていたなら、そのおかげでこんな学びを得たということが必ずあるはずです。

そういうことを話してくれる学生に出会うと、面接官は「この人だったら、期待どおりじゃないと急に会社を辞めることもなさそうだ」とか「何かを任せたときに途中で匙《さじ》を投げることもなさそうだ」とか「困ったときは困ったと正直に言ってくれるだろうから、知らないうちに大きなミスを犯すこともなさそうだ」などと思えるわけです。

面接官は、質問に対する模範解答（正解）をもって面接に臨んでいるわけではありません。

そのような事実からも、面接では答えそのものではなく、その答えにたどり着くプロセスを説明し、いかに相手を説得できるかがポイントであることがわかります。

繰り返し「カオスの時代」と言ってきましたが、予め用意された正解がないという意味では、就活も例外ではありません。

厳しいようですが、結局は、自分の経験をもとに自分なりに考え、納得できそうな答えを導き出していくという積み重ねの先でしか、理想（正しい）と思える就職先は見つからないというのもまた現実なのです。

終章

「日本でも世界でも輝ける人材」になるために

「何でもできる人材」になる必要はない

就活でも仕事、人生でも「ユニークネスが大事」と、ここまで繰り返しお話ししてきました。

ただ、どんなに僕が「君には君にしかできないことがあるんだよ」と言っても、「でも、本当に無個性なんですよ、私」と悩む学生は少なくありません。

そんな人たちに僕は、自分がどれほどあちこちぶつかりながら荒削りに生きてきたかという話をします。

「僕はまったく情報がない田舎で生まれ育って……」と。すると、「草深さんは、全然そんなふうに見えない」と、ユニークネスに関する感覚が変わってきます。

結局、いろんな意味で恵まれていない、全然うまくいっていない中でも、一つ一つの物事に対して地道に努力し続けて、自分なりに懸命にやりきることでユニークネスは磨かれていくということです。

最初からピカピカに輝いた人材である必要はまったくありません。

自分の強みは何かこの辺かもしれないという当たりが2、3個ついていれば、それで十分です。

ユニークネスの素となる得意の粒はどんなに小さくてもかまいません。ただ、より具体的なほうがいいと思います。

たとえば、ちょっとしゃべるのが得意かもとか、ちょっと字がきれいかもとか、そんなレベル。

小さな得意にプライドをもってそれを使い続けていると、その粒にいろんなモノが付着してきます。

それでどんどん大きな武器になっていくのです。

最初の小さな得意の粒は、当然ながら世界唯一ではありません。

ちょっとしゃべるのが得意なんて、何億人いるかわからない。

でも、そこに自分にしかない経験がくっついていきます。

だから世界で自分一人にしか扱えない素晴らしい武器になっていく。

これがまさにユニークネス、自分ならではの強みというわけです。


ただし、いろんなモノが最初からうまくくっつく粒もあれば、くっつかない粒もあるでしょう。それでも動いていれば、何かがくっつき始めるはずです。

だから、**得意かもとちょっとでも思ったらどんどんチャレンジしたほうがいい。**

結果、めちゃくちゃニッチな武器になるかもしれませんが、むしろそのほうがいいと思います。


たとえば、「ちょっとしゃべるのが得意」には英語がくっついてきたりするでしょう。

それで英語のプレゼンがすごく得意だと思えるようになったりもする。かつオフラインよりもオンラインのほうが得意ということに気づいたりする。それで英語で趣味のアニメの解説動画をYouTubeに上げてみた。そうしたら世界で100万人のオーディエンスがついた。

そんな話も十分あり得るわけです。

「なるべく不得意なことをなくしたい」と思っている学生も少なくありませんが、**苦手の克服はおそらく一生かかります。**

マイナスをプラスにする苦しい時間を過ごして一生を終えるなんて、悲しすぎます。

それよりも「できないところはできない」と認めてしまったほうが肩の荷は格段に軽くなる。

だから、どんどんチャレンジして、苦手をカバーして余りある強みを手に入れて、その部分で突き抜けたほうがいいわけです。

チャレンジすればするほど、小さな得意の粒にどんどん「発見」という名の付着物がくっついてきます。

一方で、くっついたと思ったら脱落してしまう粒も必ずあります。実際にやってみて苦手だったと気づくパターンです。

それはそれで全然ＯＫです。

ひたすらチャレンジを繰り返しているうちに、すごくいびつなかたちに成長していく。

でも、じつはそれが最大のポイントです。**変なかたちだからこそ、世界唯一のユニークネスなのです。**

付着物がいっぱいくっついている違う種類の巨大な武器を2、3個もっているだけで、人生は悠々自適なものになる。僕はそう確信しています。

目指すべきは世界最高ではなく世界唯一

世界唯一をいかに磨き込んでいくか。これがカオスの世の中で幸せに生きていく、いい人間（いい仕事人）であるためのとても大切なマインドです。

何も世界最高を目指す必要はありません。

今日の企業、特にグーグルのような世界的企業は、強い個を集めて強いチームを作っているというのは、すでにお話ししてきたとおりです。

そこでは自分というものを武器に、あらゆる人種の人たちとかかわって、世界を広げていく働き方が求められています。

つまり、社員一人ひとりの個性とグローバルなビジネスの成功が直結しているわけです。

なので、たとえばグーグルでは、その人のユニークネス自体がその人の一番わかりやすい強みとして評価されます。

たとえば、僕には留学経験がありません。欧米の映画をたくさん見るなどして、いわば独学で英語を身につけてきた人間です。

帰国子女に比べれば、まったくネイティブレベルではなく、流暢《りゅうちょう》に英語を話せるわけでもない。

でもグーグルでグローバルのチームから誘いがあり、ちゃんと仕事をしてきました。

それは、英語力以上に、チームリーダーが「このプロジェクトに草深がいてくれると場が明るくなってプロジェクトが捗るから一緒にやろう」と選んでくれたからです。

つまり、スキルよりもユニークネスで仕事を依頼するかしないか、判断することが少ないのです。

チームの中でも、ある業務を誰に頼むかはメンバーそれぞれのユニークネス次第と言えます。

もちろん、「誰でもいい」というような業務もあります。

でも、**自分の個性をちゃんと磨いていれば「これは○○さんにやってもらったら、うまくいきそうだ」と、自分の得意な業務が振られるようになる**でしょう。

ユニークネスの粒自体は一つしかないわけではありません。

自分が気づいていないものを含めて何個もあって、いろんな人からたくさんフィードバックをもらっているうちにどんどん見えてきます。

それをどうやって組み合わせていくか。パズルを解いていくような楽しさがあるはずです。

そうやって見つけた複数のユニークネスを全部かけ算して、さらにユニークな強みにしていく。その営みが就活はもちろん、仕事の成功、ひいては人生の幸せにもつながるのです。

おわりに　未来を形づくるうえで大切なこと

最近、日本の国力に関して、ＧＤＰや賃金の頭打ち、社会保障費の増加、労働人口の減少など、悲観的なデータで語られることが多いように思います。

その影響でしょうか、「未来に対して期待をもっていない学生が多い」などともよく言われます。


でも、僕の見方は違います。

たくさんの就活生と話をしていて感じるのは、「失敗をしてはいけない」という過度なプレッシャーから解放されさえすれば、大きく羽ばたく可能性のある潜在的なエネルギーとパワーです。

僕は、自己効力感が低い状態は学生の責任ではなく、社会の責任だと思っています。

学生たちに「先輩たちのせいでしょ、私たちは悪くないじゃん」と言われてもしょうがない側面は確かにある。

とはいえ、こんなにも安全で豊かな国になったのも先輩たちのおかげです。

相対的に経済力は落ちているけれども、国全体が危機的に貧しくなっているわけではありません。

僕はこの状況をポジティブに捉えています。

日本にはポテンシャルがあってまだいける、と。

問題がゼロではないにせよ、日本にいる限りは、生命の安全は高いレベルで保障されています。

医療も進んでいて、行政・民間のいろんなシステムもスムーズに機能していて、政治不安もほとんどない。

少なくとも世界からは「日本はまだ豊かで素敵な国だ」と思われています。

じつは僕にも、ささやかですが、「さすが日本人だね」と褒めてもらった経験があります。

2019年夏から冬にかけて3カ月間、アイルランドのダブリンに駐在したときのことでした。

僕が接した人たちの日本文化の知識や理解、バイアスも入っているかもしれません。

でも、そう言われたことで、グローバルレベルで日本への期待を実感して、日本にはまだブランド力はあると思いました。

それと同時に、今のブランド力がなくならないうちに盛り返していかなければいけないという危機感ももったのですが。

たとえば、世界では周囲に配慮したコミュニケーションが日本人の大きな美徳と捉えられています。

僕がダブリンで「さすが日本人だね」と言われたのは、きめ細かい仕事ぶりについての評価でした。

関係者が多いプロジェクトだったため、いろんな人たちをうまく融和させることに注力し、結果的にとても順調に事が進んだ。その仕事ぶりが「マジック」と驚かれたのです。

ただし、これからの未来を形づくっていくうえで大切になるのは、従来の日本型の「消極的チームワーク」ではなく、それぞれの強みを活かし合う「積極的チームワーク」であるというのは、本書でお話ししてきたとおりです。

そのようにマインドセットを変えることで、日本人の活躍できるフィールドはもっともっと広がるはずです。

僕がこうして、6年間働いたグーグルを飛び出して、新卒採用支援を行うベンチャー企業に飛び込んだのも、日本と日本人の可能性を信じているからです。

今、僕がCHRO（最高人事責任者）として働いている会社では、新卒採用支援を通じて、これからの日本の「社会の核となりうる人材」を育み、国の産業を成長させていく優れた企業に送り出すことで、日本を世界に誇れる国にしていくことをミッションとして定めています。

「社会の核となる」ではなくて「なりうる」としているところがポイントです。

今はそうは見えなくても、そうなれる自信がなくても、今後そうなるポテンシャルに満ちている就活生はこの国にあふれている。そのことを、僕は日々たくさんの若い人と話す中で実感しています。

だからこそ、本書でお話ししてきた「コツ」を手がかりに、自分の中のポテンシャルに気づき、強みを発揮し、チームのメンバーと共に新しい価値を生み出せる――そんな世界唯一の個性を活かせる「道」を見つけてほしいと、心の底から思っているのです。

これから社会に漕《こ》ぎ出していくすべての若い人に、この一冊に込めた想いが届くことを願っています。

最後まで読んでくださった読者のみなさん、ありがとうございました。

著者略歴

草深生馬（くさぶか・いくま）
株式会社RECCOO最高人事責任者（CHRO）。1988年長野県生まれ。2011年に国際基督教大学を卒業後、IBM Japan入社。人事部にて部門担当人事（HRBP）と新卒採用を経験。14年にGoogle Japanへ転職。新卒採用とMBA 採用の責任者を務める。20年5月より現職。

TEAM《チーム》 WORKER《ワーカー》

Googleで学んだ最速で成長できる5つの行動原則

2023年2月28日 第1刷発行

著　者　草深生馬
発行者　三宮博信
発行所　朝日新聞出版
〒104 - 8011 東京都中央区築地5 - 3 - 2
電　話　03 - 5541 - 8814（編集）03 - 5540 - 7793（販売）
印刷所　大日本印刷株式会社

Published in Japan by Asahi Shimbun Publications Inc.
ISBN978-4-02-332280-6
定価はカバーに表示してあります。